销售就是说服人

张敏敏◎著

江西人民出版社
Jiangxi People's Publishing House
全国百佳出版社

图书在版编目（CIP）数据

销售就是说服人 / 张敏敏著. — 南昌: 江西人民出版社, 2017.5

ISBN 978-7-210-09081-6

Ⅰ. ①销… Ⅱ. ①张… Ⅲ. ①销售学 Ⅳ. ①F713.3

中国版本图书馆CIP数据核字（2017）第018520号

著作权登记图字：14-2016-0377

销售就是说服人

张敏敏 / 著

责任编辑 / 王华　钱浩

出版发行 / 江西人民出版社

印刷 / 北京嘉业印刷厂

版次 / 2017年5月第1版

2017年5月第1次印刷

开本 / 700毫米 × 980毫米　1/16　13印张

字数 / 128千

书号 / ISBN 978-7-210-09081-6

定价 / 39.80元

赣版权登字-01-2017-4

顾客真正购买的不是商品

而是解决问题的办法

——特德·莱维特

目录

Step 2
销售前哨站　赢得好感

Step 3
销售肉搏战　取得信任

Step 4
销售决胜点　绝对成交

Step 5
销售后续　处理顾客异议

推荐序

给顾客美好的购买旅程

黄美玲

近几年美妆兴起，女人要美丽，是千古不变的定律，随着韩风席卷全球，男性在保养上也不遑多让。美妆精品市场蓬勃发展，不仅台湾地区，大陆更是每年以两位数增长，对人才的需求也呈倍数成长。美妆精品业不但需要人，更需要高品质的服务人员，但就像多数产业一样，“人”永远是最难得到的，唯有通过培训，再培训，才能找到并留下最适合的人。

我从事美妆精品数十年来，发觉不管是台湾还是大陆，人才永远是产业的主要竞争力。很多同行问我，如何才能达到培训效果？如何通过销售人员传递品牌精神进而销售满分？这些问题都是品牌最主要的要求，但要如何做到？照本宣科式的训练根本无济于事，要浅显易懂并能让销售人员“知易行易”，才是销售培训的最高境界。

从事美妆精品多年，有幸在数年前认识拥有美、日、法三国训练“血统”的张敏敏老师。日系训练要求细致，美系训练重结构性，法系训练讲究精准度，都在敏敏老师的演讲和做法中一一展现。在本书中，敏敏老师展现独特的培训手法，庖丁解牛般将上述销售难题一一解密，拥有理论及实务经验的她，将消费者的心理转化成销售人员的实战做法，让三个月的新人拥有三年的销售功力。

而敏敏老师在书中提到，任何主管都需要知道销售人员的心理素质及变化，有了这本宝典，让主管对销售人员现场作战的压力有更深一层的认识，进而对管理工作更能得心应手，因为在用“心”待客的同时，同人之间也要用“心”，才能让销售团队更有向心力。

本书以深入浅出的方式，指出精品业界消费者及销售人员的“江湖一点诀”，让人有先睹为快的感觉，是任何与销售相关的人员一定要阅读的，食品、电器、美妆、精品……对销售有兴趣的人，都会获益良多。

书中提到销售人员所扮演的角色就是“陪顾客走一段美好的旅程”，看完本书后，我也走了一段“销售的美好旅程”。

（本文作者为今锐企划行销总经理，前 LVMH 集团 Givenchy 纪梵希台湾区品牌总经理）

推荐序

成功，有路！

陶淑贞

2012 年 10 月经由客户推荐，我见到了既陌生又熟悉的张敏敏老师。作为一家拥有口碑且被客户信赖的管理顾问公司，只要客户点名，我们就必须千方百计去寻找这位传说中的讲师。

从事管理顾问二十多年，见过无数顾问、专家，我始终相信：好的讲师都具备一定特质——积极热情、经验丰富、脉络清晰、唱作俱佳。一见敏敏老师，我的直觉是：没错，就是她，难怪客户指定。

爽朗的笑声、幽默风趣的表达，谈起美、日、法化妆品业的往日辉煌，眉飞色舞。

敏敏老师更以自信又专业的口吻，畅谈一路从内训讲师、专柜销售到公关经理的缤纷资历，当下我即已预见盟亚在两岸将增添一位名师。

两年来盟亚团队从台北、上海到厦门，与敏敏老师通力合作，缔造无数佳绩，更改变了许多学员在销售及服务上的想法和展现。谁说服务难以衡量、不易呈现？敏敏老师就是有办法用清晰易记的快速记忆法，让人想忘都难。

都说最难捉摸的是消费者的想法，那可不，在书中，敏敏老师举了大量亲身经历的实务操作，有感性认同，有理性解析，有顾问式说服技巧，更有紧抓顾客需求背后的洞察。她完全将自己曾经走过的路径，清晰而有结构地逐一整理。这是一本让人想一口气读完的成功销售的法门。

人生，“没有柔软就没有精进，没有热情就没有空间”，在敏敏老师身上完全展现，她从不喊累、绝不抱怨的敬业精神，让人打心底敬佩。犹记 2013 年，十几场巡回培训正如火如荼展开之际，传来敏敏老师母亲住进加护病房的消息，天人交战的时刻，任谁都难以如常演出，但是，敏敏老师选择暂时关机，全力扮演好舞台上那位尽情挥洒、专心教导的老师角色。做什么像什么，等跑完一圈，即刻奔回台湾，陪伴母亲度过最后时光。

敏敏老师示范了成功可以复制，只要用心、得法，人生之路将不止一条。敏敏老师，谢谢您，销售，不是技巧，而是态度。您用生命谱写的好书，特此推荐。

（本文作者为盟亚企业管理顾问总经理）

推荐序

重新思考销售价值与技巧

余维斌

因为推动客户服务文化而与敏敏老师结识，在此之前也曾耳闻她的专业与教学品质，经过几次和敏敏老师聚焦讨论后，进一步了解到敏敏老师的独特与创新，更在合作后体悟到老师的认真与坚持。

宜特科技是第三方验证实验室，我们兢兢业业地做好每一步，也自我定位为客户导向的服务平台。我们的客户来自电子产业上、中、下游公司，虽然属 B to B 产业，但我们服务的对象是各家公司众多的研发人员或品保等工程人员，所以我们有 B to B to C 的产业特性。因此，服务业的核心价值——客户服务，理所当然也是宜特人应具备的 DNA。

服务DNA，说起来简单，要落实却不容易。宜特自2008年起推动“客户至上”的企业文化，展开各项活动与开办课程，就是希望能营造客户至上的氛围，甚至将客户服务精神深植于同人心中，改变同人的思维与行为。几年下来，虽有成效，但总觉得尚欠缺全面或具体的行为展现。在经过数次检讨并制定明确成果指标后，敏敏老师大胆接受这个挑战，要为宜特打通服务的“任督二脉”。

敏敏老师给宜特的支持就如同她在书中所传授的销售心法——放弃缠斗力，只有先放弃这些虚假，端出训练有素的专业，站在客户立场，思考业务对策，才能赢得客户。为了更加了解宜特，敏敏老师化身宜特的好学生，努力了解宜特所处的产业链、服务流程与价值、专业用语，与我们站在同一阵线，她所设计的课程与活动切实满足宜特的需求，专案效益也日渐发酵中，因此，除了赢得我们的认同，也成为我们的依赖。

敏敏老师以15年的实务经验和不藏私的态度，传授超级销售功力。要我们扎实地从根做起——“先学会放弃”，不要只想着自己的产品，不要只想着这次就要销售成功。要我们认知这是一个“心销售时代”，让我们了解客户要买的不只是产品，更是感觉，从认知改变；再给我们一套实用的销售工具——“销售五步骤”，让我们复制与运用。

本书堪称销售业的“葵花宝典”，只要照着本书练功，并实践体验，一定可以感受到这套心法的力量。对于不管是新踏入销售行业的你，还是已经熟悉销售工作的你，本书都可以带给你新的销售思维，并成为你重新思考销售价值与技巧的楔子，更是协助你迈向成功销售的利器。

（本文作者为宜特科技董事长）

作者序

给正在销售路上的你

我长期在外商集团工作，经常代表公司到世界各地参加研讨会、教育训练，15 年的经验和技能，让我开始思考能为这块土地留下些什么。而销售，是零售业的根，也许我可以从这里开始着手。因此，写书的想法，一直蛰伏在心里，但是，这本书诞生的引爆点，来自一件远在美国的事。

2007 年因为美国雷曼兄弟事件，让 21 世纪的全球产业，如野火燎原，开始爆发经济危机，我一直以为，远在台湾的我，这件事，和我没有关系。

但我错了！

当时的我，正在一家全世界最大的法商化妆品集团服务，担任某品牌的教育训练经理。我除了负责新人培训、产品教育训练，还负责第一线人员的辅导工作。

我做过品牌经理，在化妆品界服务 15 年，培训工作难不倒我，我每天精准地控制自己的行程表，日子过得悠闲且自在，我看不出来，需要注意什么雷曼兄弟的事。

但我真的错了！

在一个阳光暖暖晒得人酥软的下午，我的主管把我叫到她房间，她请我把房间的门关上，当时，我觉得纳闷，平常没有这么神秘呀，难道，发生大事了？“安妮（我的英文名字），我今天接到总经理的指示，要我们进行裁员。”

我的主管，长得有点像蔡琴，戴着黑框眼镜，笑容总是一百分，我非常喜欢她，这个主管，很多属下怕她，可是我就是喜欢她的真诚。她在我面前也很少遮掩，总是直话直说。

“你可不可以给我两个裁员名额？”她有点严肃地说道。我听了，反应很大，这，太震撼了。“老板！”我正视着她，“我没办法做这种伤天害理的事。”

“什么伤天害理！”她有点火了，“现在全球状况不好，公司为了生存，有些事不得不做，你以为我想做这件事吗？”我想一想，也是，这的确是个痛苦的决定，而我竟然经历其中。

“你不讲是不是？”老板推一推眼镜，“那我讲啰！”我一听到这句话，整个身子坐直，背脊发凉，天哪，她想讲什么？“我想裁……助理，助理，应该很容易被取代，你们以后就辛苦一点，有些事情自己捡回来做就好了。”老板终于说了她的想法。“不行！”我有点激动，音调竟然有点高亢，我脑中想到我的助理，她才 21 岁，还在半工半读，就要经历这些现实的事，光想，眼泪就快要掉下来了。“不能裁助理，我的所有档案、资料，助理最清楚放在哪里，而且我常常要跑外面，没有助理，我根本做不了事情，不能裁助理。”

我看着坐在我对面的主管，突然觉得有必要为老板分忧解劳，于是我说：“老板，裁销售人员好了，业绩都变差了，应该养不起那么多销售人员了！”

我那位在外商集团奋斗了十几年的主管，突然整个人坐直，用手扶了扶黑框眼镜，严肃地说：“销售人员不能裁，除非公司倒了，销售人员是我们的根。”最后，她撂下狠话，“安妮，真没用，叫你进来，想说商量个事情，结果，什么忙都没帮上。你给我出去。”

我开心得很，很高兴地滚出主管的房间，幸好，被裁的名单里没有我，而这段对话，却一直烙印在我脑海中：“销售人员不能裁，销售人员是根。”

我这个在化妆品行业奋斗了 15 年的人，在市场变化中，竟然感到如此无力，且摇摇欲坠。我意识到只靠教育训练、品牌行销的专长，竟让人在职场上如此无助，充满被取代的害怕感。原来，销售能力竟然如此关键，而这件事，也成为我离职后，到别的品牌身兼 101 旗舰店店长的最大动力，我也是在店长的职务中，开始一一验证之前所学的各种销售技巧。

经过 7 年的酝酿，通过大量的文献佐证、15 年经验支撑的实证，我以两年半的时间，利用到大陆授课的夜晚，等待飞机的候机时刻，一字一字地把这本书写出来。这期间，我经历母亲过世、事业起伏，我承认，好几次几乎想放弃。

我常常在想，这本书对我的意义是什么？没这本书，我日子照过，何苦这样折磨自己？但是每次上课看到学生的眼神，那种渴望成长的动力，让我又咬着牙开始动笔，终于让这本书问世。

本书能出版，要谢谢好友雅竹及骏宏的催促，在我快要放弃的时候，适时拉我一把。谢谢商周学院的蕙琪总是给我站上舞台的机会，也为这本书的诞生牵线。

本书的出版，谢谢总编辑幸娟、编辑惠馨、行销胜宗的费心，让文字有更多阅读趣味。最后，要感谢我的团队。谢谢 Una 作珣付出时间和精力，精进这本书的排版及文字。也谢谢 Richard 德宇，这位我生命及事业的最佳伙伴，因为有你的支持以及无底线的包容，让我可以专注在文字工作上，没有后顾之忧。

涓滴成河，滴水藏海，献给走在销售路上的你。

导 读

最实用的销售手册

你喜欢销售工作吗？

如果你主动翻开这本书，你的答案，应该不是否定句。

但是你知道如何做到超级销售人员吗？

我谈的不是一般的销售人员，而是超级销售人员的能力。你可能无法一下子给我具体答案，我能理解。因为成为超级销售人员的关键能力很多，但麻烦的是，就是因为答案过多，导致很繁杂而难以学习。

你也许听过许多超级销售人员的分享，他们成功的故事令人动容，也很激励人心，但是，你听完之后还是有种不知道和自己有什么关系的失落感，他们成功了，可问题是，具体的方法是什么？许多超级销售人员的分享，东一块、西一块，少了架构，少了步骤，总让人无所适从。

本书就是为解决这个困惑而生的。

本书共分5步骤13章，通过系统化的学习，让3个月的菜鸟展现3年的销售功力！让单一店面3个月内业绩成长超过21%，客件数增加，客单价提高。

本书的重点，就是将繁杂的关键能力，变成具有系统的知识，有了系统及架构，你只要照表操课，可以立即复制运用。

第一步骤　销售基本功

比较了“传统销售”及“心销售时代销售”在心态上的不同，我们深信，销售就是在展现自己，因此销售人员的观念想法，立即决定他的销售动作。本步骤的4个章节，分别以故事为开场，谈到进入“心销售时代”所需要的两种放弃。包括：放弃缠斗，放弃产品至上。你可以自我检验是否犯了销售大忌，也可反思是否有销售上的毛病。

我希望你不要略过Chapter1和Chapter2这两章，因为心态的铺陈，绝对是销售技巧的根基。根基不对，底子不扎实，光学技巧就显得太过急躁。急躁，会让销售的底气不足。

Chapter3、Chapter4要告诉你关于本书的架构来源，来自北欧航空（Scandinavian Airlines, SAS）的实际案例。北欧航空借由与每位顾客的服务接触，最后转亏为盈。在Chapter4，读者可以清楚地看到如何切割四个销售段落，通过本章，你可以在自己的销售工作中，找到你的顾客关键接触点，让销售工作更细致。

第二步骤 销售前哨站

本步骤的Chapter5“培养自信业绩”，清楚地告诉你销售人员的自信来自三件事。

Chapter6“赢得陌生客好感度”，则明确说明销售的基本动作及定义。请你盘点自己与顾客的应对，试着在顾客第一次看到你时，就赢得他的好感，让自己插旗成功。

和陌生客的接近需要勇气，也需要技巧，Chapter7“预想破冰话术”两大技巧，让你由浅而深，和顾客建立感情。其中，我们运用在法国零售业非常普遍的六大顾客分类方法SONCAS，让你只要和顾客说上话，找到关键字，就可以和顾客频道相同，让对方产生好感。如果你对六种顾客分类一下子觉得太多，我的建议是，找自己比较有感觉的顾客类型，从这里出发，试着在平常生活中多加练习，训练自己的听力，然后再去练习比较陌生或没把握的顾客形态。

第三步骤 销售肉搏战

一般销售及超级销售人员的分界点，从第三步骤开始。

超级销售人员的最大能力不在于一直说，而是在“聆听”。听顾客说，让顾客不断地说，是超级销售人员的超级能力。因此如何让顾客感觉到我们的真诚聆听，并且在顾客提供的资讯中找到销售重点，是Chapter8“培养聆听力”的重点。

聆听能力往下深挖，就是“提问力”。问对问题可以挖掘顾客没有说出来，或没有意识到的所需。Chapter9“训练提问力”给了相当多的案例，甚至设计“提问关键字”让你可以练习。

Chapter10“产品地图”是成交的关键。因为你要根据你所听到的、你所挖掘到的资讯，找到真正适合顾客的产品。在本章中，我们一步一步教你如何创造“销售地图”，让你的产品建议精准，且产生串联销售。建议你根据本章的步骤，建构出自己的销售地图。

第四步骤　销售决胜点

Chapter11我们提出十二个在零售业经过验证的成交法。每个成交法都有示范案例，并有理论支撑。希望你可以从中选择二至三个先做练习，感受这些成交法的作用。一开始你会觉得不太自然，因为会和你现有的习惯冲突，但我建议你持续使用三到五次，你会慢慢发现，不但实用而且让自己的销售充满层次与魅力！

第五步骤 销售后续

现实生活中，你和顾客的互动不可能照着设计好的步骤进行，因此难免会遇到顾客有想法。顾客有意见甚至挑战你，这时你如何处理“顾客异议”便相当关键。处理得好，就是销售契机；处理不好，就往客诉发展。

处理顾客状况前，要先处理自己的心情，Chapter12“两秒钟决胜负”给你六个步骤安抚自己，接着 Chapter13“安抚顾客三步骤”则讲述如何处理顾客状况。

在本章中，我们提出在华人世界里非常有效的沟通话语，这是我们找到的最有效的方式，建议你在与同事、朋友、家人的相处中使用。你将发现，短短的几个字，会改变你的人际关系，简短，但是却出奇地有效。

对新踏入销售工作的你来说，本书是一本绝佳的武功秘籍，照着本书练功，并且实际体验，你可以立刻感受它的力量。对于已经熟悉业务工作的你而言，本书是给你新思维、加强业务底蕴的手册，它给你不同的角度重新思考业务的价值和技巧。

5 步骤，让 3 个月销售菜鸟变成成交高手流程图解

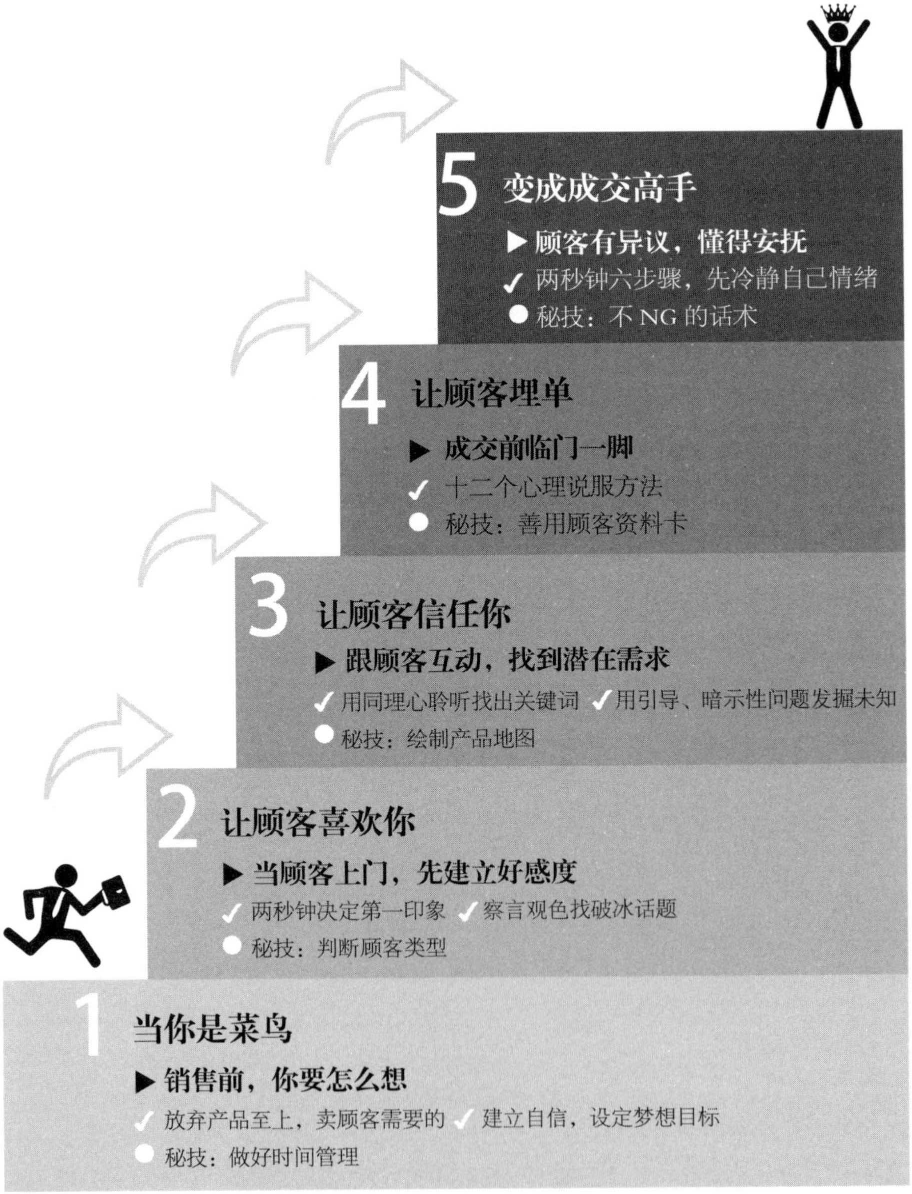

Step 1

销售基本功

正确心态

创立于1946年的北欧航空，在20世纪70年代通过管理与顾客互动的“关键时刻”，转亏为盈。北欧航空认为，所有销售人员必须了解，在“顾客的消费旅程”中，何时是关键时刻，并通过“关键主角”及“关键行为”，让顾客完成一次美好的体验，提高回购率，增加忠诚度。

本章以北欧航空的精神及做法，将实体销售过程切割成四个段落，方便读者复制及学习。

1. 销售前哨站：赢得好感。重点：与顾客建立关系。

2. 销售肉搏战：取得信任。重点：探索顾客的需求。

3. 销售决胜点：绝对成交。重点：展现销售顾问的专业。

4. 销售后续：处理顾客异议。重点：安抚顾客情绪。

在进入四个销售阶段前，更重要的是：对销售，要有正确的心态，必须放弃传统的缠斗功和紧抱产品至上的想法，以面对“心销售时代”顾客的高自主性及浮动的忠诚度。

Chapter 1

不要让顾客不开心：放弃缠斗

当销售人员围在我身边，不断地想说服我，我脑中就只有一个念头：想逃！

台北市后火车站南京西路某百货公司，是之前我服务的公司很重要的销售点，做的是主顾客生意。每家公司对“主顾客”的认定不一样，有的品牌定义为全年业绩贡献前 10% 的顾客，有的则指单笔客单价是平均客单价两倍以上的顾客，而我们公司对“主顾客”的认定很简单：只要顾客指定某个销售人员买东西，就是主顾客。

经过多年经营发现，顾客只要看到熟悉的销售人员，成交率通常高达 90%，这真是不可思议的数字，个人的消费习惯，竟然依赖主观的感受，而经济学上的理性思考、成本思维都不那么重要了。南京西路这个销售点也是很感性的柜台，顾客的消费金额取决于销售人员的动作，在每个月月底，如果业绩吃紧，只要销售人员主动一点，撒撒娇，成交的单价就更惊人，成交金额 2 万元以上非常常见，而其他化妆品专柜品牌的客单价也不过 4000 元左右。

我亲眼看到一位资深的柜姐，紧抓一位年纪可以当她妈妈的顾客的手，撒娇说："姐姐，我就差你这一笔了，你这个月多带个乳霜，把下个月的量先买齐，妹妹我就达到目标了。"你绝对猜得到，她轻易地完成销售，当然，也拿到业绩奖金。

你能想象，如果你是新人，调到这个销售店面，要怎么展开第一笔交易呢?

难呀!

事实上，许多新销售人员分发到这个销售点，前 6 个月内很难赚到钱，就算积极开发新顾客，新客成交率通常不高，这个以主顾客为主力的店点，让新人苦站 3 小时，在外面风吹雨淋努力发 DM，往往做不到一个客人的生意。

沮丧，可想而知。

因此，这个销售点的人员流动率很高，6 个月内走 10 个人，因为人员都走了，在主顾客认人购买的情况下，所有主顾客经营都落在店长和副店长身上。

经营主顾客需要花时间，而他们是如何经营的呢? 90%时间和顾客纯聊天，10%才是做生意，因此店长和副店长工作量越来越大，急于找新人，把业绩压力释放出来。就在这时，凯莉进入公司，且被分配到这个销售点。

凯莉之前做过其他国际品牌，不是生手，在 5 天的新人训练过程中，我看到凯莉非常努力地学习产品知识，每天的考试几乎满分，销售演练也非常投入，她已经掌握品牌销售的正规方法。知道她受训完将分配到南西销售点时，我跟她谈了这个销售点的特殊处，让她有心理准备，而我希望不要折损一员大将。

凯莉信心满满地到南西，三天之后我去看她，她脸色很不好。

传统销售想做的太多，想放手的太少

“凯莉，你还好吗？”我希望从这个简单的问题，得到她真诚的答案。

她抬起头，看了我一眼，有气无力地回答：“还好。”

鬼才会相信这个答案，我要她告诉我怎么回事，毕竟，我想看看有没有可以帮得上忙的地方。

“老师，柜长要我 call 客？”她拿出一沓画得密密麻麻的名单，“我打了两百多通电话，两百多通啊，只有一个顾客愿意来参加 VIP 新品发表会活动。我被柜长狠狠骂了一顿，她要我今天给她 10 个名单。我好紧张喔。”看她快哭，我得帮帮她。

“凯莉，你 call 客遇到什么状况？”我想先了解原因，才能找方法帮她。

“客人听到品牌有人打电话给她，就直接问我，某某某在不在，我说她离职了，她们就问我，那店长还在吗？我说，店长在忙，因此请我打电话邀请她参加新品发表会。顾客听完，通常撂下一句话：‘你叫店长亲自打给我，不要想做生意，才想到我；优惠、免钱的，都没我的份儿。’类似这样的话。”她气馁地说，“我没想到，这个店点这么认人，我觉得我不适合做这个品牌。”说实在的，这种情节天天上演，人都不愿意被拒绝，但做陌生开发（cold calling），被拒绝却是最基本的一课。

她一定得展现一些技巧，迅速达成成交，毕竟，**成交可以建立信心**。因此，我决定留下来，看看她怎么 call 客。

我告诉凯莉：“你继续 call 下一个客人，我在旁边听好吗？我会站在你看不到的地方，你继续你的工作就好了。尽量当我是空气。”

凯莉有点不情愿地答应了，以下是她的 call 客情形。我必须说，我吓坏了。

拨出电话，凯莉的表情有点紧张，右手拿着笔，左手看着 call 客清单，我看她紧张，也不禁为她捏把冷汗。突然，她的表情变了，我知道，电话另一端，客人接起电话了。

“张姐！”她用高八度的音调，对一个完全不认识的人喊姐。

“我是 S 牌的凯莉，你一定不认识我，我可是久仰姐姐您的大名。”凯莉笑得好开心，好灿烂，好假。

“我有优惠要告诉姐姐啦，”她抿嘴笑了一下，“我们品牌有 VIP 的新品发布会，我特别留了一个位置给姐姐您，姐姐，我好想看看您哦，您过来一趟好吗？”她开始时有点鼻音，甚至撒娇，讲着讲着，我确信她已经忘记我在她身后，因为，她竟然右脚还忍不住蹬了一下地面，显得非常娇嗲。我看在眼里，听在耳里，简直不敢相信，这是我教的学生？

这时，她突然不讲话了，然后，比戏剧里的演员还夸张，她突然将音调变成正常声音：“好！那我再跟店长说。”话毕，电话倏地挂断，call 客结束，再次宣告失败。

我得收拾残局。

我拍拍她的肩膀，问她：“你觉得为什么你的第两百零一通 call 客，没有达成任务？”我仔细玩味她的表情。

她看了看我，轻咬下唇，眼睛开始泛泪光：“我看到店长这样跟客人说话，我很努力学习，想要赶快融入团队，也想赶快建立自己的主顾客，我照着店长的说话方式，想和每个客人都很亲近，我想要和她们交朋友，我觉得自己很努力了，我想，我不适合这个团队。”自责，充满整个对话，这一切的原因，都是因为**她想做的太多，放弃的太少**。

“心销售时代”顾客的特性

销售人员，特别是还在摸索自己业务调性的销售人员，每个人都告诉我，自己很努力，可是，你从上面的故事可以看到，现在的顾客不一样了。

和以往相较，现在的顾客有三大不同：

第一，顾客的自主性高。因为可选择的品牌很多，同时资讯搜集非常便利，因此顾客对实体销售人员的依赖度变低，要说服顾客，就必须对顾客有更多了解，对产品绝对专业。顾客的自主性高，也因来自管理部门的介入机制。顾客如果购买的物品不满意，可以强烈要求厂商退货，顾客有权“反悔”，且无须承担退货成本。

第二，顾客的主观性强。相较于传统的销售，顾客对销售人员的形象及感受，要求比以前高且强烈。销售人员给人的第一印象，包括服装仪容、应对进退、声音情绪的掌控、用字遣词的精准，都在形成顾客对销售人员及对产品的感受，而感受会决定成交与否。

第三，顾客的忠诚度浮动。因为产品日新月异，服务推陈出新，顾客对产品的价值、服务的品质会不断比较，让顾客的忠诚度产生波动。原本满意的产品购买经验，经过与他牌比较而产生不满。例如，原本买车子赠送全险，即会达到顾客满意，但若他牌推出加赠全套皮椅，以及延长至5年保修等优惠，就会让前一位购买顾客经过比较而产生不满，“吃亏”的感觉让顾客降低对品牌的忠诚度。

所以，销售人员要了解：传统销售时代已经过去，我称之为“心销售时代”已经来临。现在，与顾客的每次接触，都要显得更专业、更留意每次与顾客的互动，才能面对新顾客的心理销售要求。想要靠一张嘴，拼命说，拼命拉近关系的销售，已经过时。“业务缠斗法”，对现在的顾客而言，是打扰甚至恐怖的体验。

有多少次，你走在路上，等在路边的销售人员，拿着 DM 问你要不要买某个新的产品、试试某个新开餐厅的餐点、逛一逛新的店面。更甚者，不只拿着文宣品，还直接给试用包，然后要你填一下顾客资料，接着，跟你说明产品如何使用，现场让你试用。当你的手一沾上他的产品，脸一碰到他的保养乳霜，你就注定被他缠上了。他会用尽各种办法，要你埋单，如果他的单一力量不够，还会请他的同事一起包围你，大力称赞产品的热卖和有效性。总之，你就像洒了一身蜂蜜的小熊维尼，吸引所有蜜蜂蜂拥到现场，到最后，你只能买个产品，企图脱身，然后，告诉自己，这辈子再也不要在路边拿免费的东西了，毕竟，免费的东西最贵！

销售若是这样，只会吓跑顾客

销售人员拼命缠斗，他们以为自己拼了命，就可以达成业绩。他们不在乎厚脸皮，刻意将声调拉高八度，明明跟你没有关系，还是会笑容可掬地称呼你“姐姐”“帅哥”，或者，你明明邋遢到不行，他还称你“美女”，太多的假装，让销售变成一种感情的债，吓坏一堆人。

我母亲到一家连锁美容院去，打算好好放松一下，洗个头，做个造型，她病了一阵子，想让自己的精神振作点，因此，最近3个月内，去同一家美容院，找同一个设计师，洗了6次头。

第7次光顾时，设计师问我母亲："这次有没有想剪个头发，或染个头发呀？"我母亲看着让她变美的设计师，笑着说："就一样，洗头就可以了。我可是等很久呀，等这次来变漂亮！"话刚说完，设计师的脸就垮下来，她沉着脸，通过镜子看着我母亲说："你每次来都洗头，只花一百多块，这次不论怎样，都不能只有洗头，你这样让我很难做人，而且，我已经花这么多时间服务你，你说，你要不要回馈我一下？"这样的对话，让来店的热情顿时降到冰点，原来，所有的问候、所有的服务，都是因为钱。3个月来的美好体验，化为乌有，此时坐在椅子上的母亲只想夺门而出。

又是这样，销售人员只想到顾客口袋里的钱。哦！我没有责备的意思，我之前带领销售团队，冲刺业绩，也是想赚钱。只是，现在顾客很理性，他会比较，会有防备心，销售人员的假装和虚假，只会破坏你与顾客的情感建立。相信我，只要你不真诚，只要你不是为顾客着想，你会被看穿，因此，放弃吧！放弃缠斗力，只有先放弃这些虚假，端出训练有素的专业，站在顾客立场去思考业务对策，才能赢得顾客。

凯莉的故事、我母亲上美容院的故事，告诉你我，**要会卖东西，就要先学会放弃，放弃"缠斗"，放弃拼命"说"**，甚至，放弃纯粹业绩导向，放弃急切砍单的心情。

放弃缠斗，培养长期客户

我要告诉你一个因为放弃而成功的实例。

在我担任 × 品牌 101 店店长期间，不到一个月，就得带着 5 位销售人员面对母亲节业绩压力。光是业绩预估、进货、call 客、人员排班、讨论赠品发放，就快把人逼疯。这时，我发现总经理给的业绩目标，6 个人根本吃不下来，为了带动士气，我咬牙将自己的业绩调高。

我很需要业绩。

晚上 8 点来了一位贵妇，她头发吹得极好，手指涂着指甲油，上身穿着日本品牌外套，右手拎着欧洲精品包包。根据经验，这位顾客可以拯救我当天还差 3 万元的业绩，我得好好把握这个顾客。

贵妇直接询问某个乳液，知道价钱比机场的贵 5%，多了近 800 元，她很不高兴地嫌弃一番，并且告诉我她常去瑞士，每个暑假都会去瑞士参加音乐会的钢琴公演，她说，她大不了去机场买！

我并没有被她的抱怨给撂倒，听到她常去瑞士，因此推荐她搭配修护型乳霜，因为乳霜可以保护肌肤对抗干冷的北欧气候（发挥我的专业和聆听）。

听到她夏天会去瑞士参加音乐会演奏，知道她擅长弹钢琴，因此又建议她使用护手霜，并且帮她做了 5 分钟的简易手部护理，告诉她长途飞行时以这样的方式自我保养双手（站在顾客角度，发掘顾客没有说出的需求）。

整个介绍下来，我在她面前摆了5瓶商品，拿计算器一算，超过3万元台币。

贵妇眉头一皱：“我告诉你，我不是买不起，我是不想买贵了。”看到计算器上的数字，她有点生气，“在台湾百货公司买就是会比机场贵5%，这样好了，护手霜我退掉，刚好退1500元的税，反正我觉得现在的护手霜用起来也还好。”

顾客和团队都在看我的反应。我知道贵妇企图将我的专业数字化，将我的专业和自尊打折，但我期待每次的成交，都是下次再见到顾客的铺陈，我不要只做一次生意，我也这样教导人员，所以，我决定挺住。

“我了解您的想法，如果我是您，也希望买到超值且适合的产品。我知道我们的产品价格并不是最便宜，但是价值绝对大于价格。以我的专业，我衷心希望在音乐会场上的钢琴家，手指优美纤细，和钢琴黑白键相呼应。如果说我们卖保养品的人，最重要的是脸部皮肤，那么身为钢琴家的您，最重要的就是手指。”

我微笑地看着她：“现在已经是晚上9点了，您可以决定今天一次让自己全身美丽，或者等到两个月之后的夏天，到瑞士机场再购买。”我面露微笑看着她，等她的反应，但，她离开了！我读不出她的表情，看着她离去的背影，我心里很慌，有点后悔，我是不是太任性了？

我不是潇洒的人，当天晚上我失眠了。我放弃push成交，坚持专业和价值，到底值不值得？

隔天早上 11 点，贵妇带着母亲过来，现场人员高兴得立刻打电话给我，叫我赶快过去服务，因为我被指定了。那天，我用 15 分钟成交了超过 10 万元的业绩，也多了两位新客：瑞士贵妇和她的母亲。

我感谢顾客的肯定，借此肯定自己的选择。

顾客要的不只是产品，她要的是专业。价格，是顾客重要的考虑，但不是唯一考虑。学会放弃吧！

接下来，我还要你放弃别的东西。

本章重点

不要让顾客不开心：放弃缠斗

1. 心销售时代的顾客拥有更多资讯、更多选择，顾客可以通过比较，产生购物选择。

2. 心销售时代的销售人员要放弃传统的缠斗功，通过有系统、有重点的方式做销售，而非一味模仿传统销售人员的做法。

Chapter 2

不要制造问题：放弃产品至上

顾客要买的是感觉，不只是产品。

在进入法商美妆集团服务之前，我曾担任某个美国医师品牌的负责人，产品通路是百货公司专柜。当时这个还在起步阶段的品牌，并没有专业的产品训练人员，产品知识来自以前的文宣品或销售人员的口述历史。手上的产品文字说明，不外乎“玻尿酸”“真皮层”“辅酶”等专业名词。因为这是美国医师品牌，因此许多销售人员会把产品的功能及成分挂在嘴上，以此作为销售方法。

月底，来了一批新人，我特别注意到布鲁斯。他是个对医学美容很有热情的小男生，脸上长了小痘痘，消瘦的脸颊，搭配不到一米七的身高，看起来像个高中生，生嫩无比，但是他一开口，你会觉得他专业的样子，活脱脱就像医生在说话。

“这瓶晚霜会直接作用在你皮肤的基底层，基底层主要负责细胞再生，通过为期 28 天的细胞生长阶段，新嫩细胞让肌肤有紧致的效果。这瓶晚霜主要成分是 ×××，浓度高达 3%，是目前百货公司在卖医美保养品里浓度最高的。”

我眼前的布鲁斯，身穿白袍制服，正对着比他大 30 岁的女性顾客，严肃地上产品知识课，但是，看着顾客的脸，我深深地确认顾客完全听不懂他在说什么。

等布鲁斯花 30 分钟“上完课”，这位“阿姨”问：“我只想知道这瓶晚霜有没有用？”她的声音微弱，甚至带点颤抖，似乎怕这样的问题会伤害布鲁斯的专业，或者显现她的无知。

听不懂的专业令人害怕

“我说过了，这瓶晚霜是目前业界仿肉毒杆菌最高浓度了，最高浓度！真的很厉害，我做了很多调研，目前只有德国某品牌才有这么高的浓度，这真的很特别！”布鲁斯口气中甚至带点骄傲，但我觉得他卖弄知识远多于关心顾客的需求。

“阿姨”觉得这个答案没有听懂，也不打算再追问下去，只客气地说了一句：“我再考虑看看。”说罢，双脚往门口移动。移动的步伐，倒是坚定无比。

布鲁斯看了我一眼，对我展开无奈的微笑。“老板，”他叫了我一声，顺便干笑了一下，“你看，就是有人不识货，我们的产品真的很好用，客人就是不了解，花个 6800 元，比去打肉毒杆菌便宜多了。”他还是有点悻悻然，显然，他还没脱离刚刚那个销售情绪。

“布鲁斯！”我安慰他，“谢谢你的努力，我听到你的专业知识，我很确定你做了很多功课，还去了解竞争品牌，我听了很感动。”布鲁斯眼睛为之一亮，毕竟，具体的赞美，很少人可以抗拒。“如果，事情再来一遍，这个顾客再进到我们店里，你可以怎样做得更好？”我试着引导他，毕竟，他的主动积极，应该有机会让自己发觉答案。

他看了我一眼，似乎对于眼下的提问有点疑惑：“你觉得我做得不够好吗？”他眼神中透露出担心。“不！ 我认为你做得太好了，只是我希望你能找到另一条销售的路，挑战自己。”**建立信任，是零售业主管最重要的能力，**信任，可以决定团队要不要跟你一起奋斗。

“我想，我可能多问她问题吧。”

“你可以多问她什么问题呢？”我赶紧追问。

“嗯，我可能问她，为什么她想要看医学美容的商品？”布鲁斯花了 10 秒才吐出答案。

“你猜一下，这位顾客大概几岁？”我用搜寻的眼神，抓紧他的目光。

“这个问题很简单，她肯定超过 50 岁了！”布鲁斯对这个答案倒是相当笃定，甚至有些小得意。

“你觉得一位超过 50 岁的女人，为什么会走进百货专柜，找跟医学美容有关的产品？”

“我想，她应该很想让自己变好看，”布鲁斯看着地面，有点出神地说，“她用了很多保养品，可能很多销售人员都告诉她，产品多有效多有效，可是，她要的是，真正了解她想法、了解她需求，而且能帮助她的人或产品。”布鲁斯倏地抬起头，“老板！我知道如果刚刚那位阿姨再来，我可以怎样做得更好了，我不要再跟她说很多大道理，也不要告诉她我们的仿肉毒杆菌浓度有多高，我想要让她知道，我了解她的想法，我可以帮助她。”

这就对了！

许多销售老手已经忘了顾客真正需要的是什么，同时，也慢慢失去接待新客的能力。他们脑中只想着业绩，手中紧抱着产品，有太多的“理所当然”，因为脑中的图像已经定型，因此难以站在对方立场去设想。

实体销售人员的价值

那么，顾客到底要什么？简单来说，顾客就是需要一位能让他们信任、能了解他们的需求，并且通过专业知识的介绍，给予中肯建议的人。

销售，是专业和关系建立的结果。

本书最大的用意，即是希望销售人员能站在顾客立场，和顾客建立关系，注意顾客当下的销售情绪。因为，当你关注的是人，人自然会回应你，业绩自然水到渠成。

有一天，我到一家国际连锁家电进行销售人员的训练课程，之前已经和对方主管讨论过，将训练定调在通过步骤、系统、专业、建立真正关系，让销售人员摆脱死缠烂打的方法。早上 9 点，我到教室，54 个学员，清一色是男性，平均年纪超过 35 岁，在等待上课前，他们聚在一起，吃槟榔、抽烟，我看到这个场景，心里觉得有点不妙，心中揣度这样的销售课程，究竟适不适合他们。

上课，开始讲述顾问式销售方法、示范技巧及说话方式，当下似乎没有问题，到了演练时，杂音开始出现，有个嚼槟榔的帅哥学员举手说话了，他觉得：“很不习惯！”

“老师，这些演练跟我们卖电视的现场，差很大啊！干吗教我们这么多辨认顾客的办法，客人有什么好辨认的？他们就是要省钱呀。如果要卖东西，就给他们优惠，就拼命说服他们嘛，反正就是尽量跟他们说产品好在哪里，然后，向他们一直推销，干吗要跟他们建立关系？建立关系有什么用？他们只是来逛街，之后又不一定会来找我。”语毕，露出一排嚼槟榔的牙齿，我推测，他已经是销售老手，但绝不是销售高手。

我和业务主管聊过，知道这群销售老手已经 4 年没有上过销售课程，公司唯一会提供的就是产品知识、新品资讯、竞争品牌资讯，和产品有关的“硬”知识，对于顾客的改变、顾客关系的建立、感性情绪的营造等“软知识”，完全没有涉猎。也因为只靠这些硬知识的支撑，该品牌业绩以每个月 5%的速度持续下滑，我粗算了一下，一年的业绩约少了 3000 万元。

有趣的是，这群资深销售人员坚称“软知识”没有用，“那些东西……太模糊，你提出证明呀，告诉我这种方法可以让我业绩成长多少？你可以证明，我就做给你看！”这群同学的呐喊，是当我提倡“放弃产品至上，拥抱顾客关系”业务论点时，所面对的挑战，或者说疑问。一开始，我试着想要提供数字，提出证明。我想证明照顾顾客感受的确可以创造业绩！我想证明好的第一专业印象，的确可以提升业绩！我想证明产品的确是重点，但不是顾客会购买的唯一原因！但现在我已不打算这么做了。不是我放弃了，而是当初问我这些问题的人或企业，现在都已经退出市场，或者说，被市场淘汰了。

2012 年 8 月，1292 期《商业周刊》刊出宏达电总裁周永明先生给内部员工的一封信，文中提到：传统上，宏达电非常依靠产品，我们有一流的产品，且这些产品已经帮助我们在市场上找到市场定位。然而，当市场、竞争者策略出现变化，且当竞争者更强大，产品之间的差距缩小时，我们的竞争者可以借由规模、品牌意识及大量的行销预算，达到宏达电可能达不到的目标。这封信，是在宏达电股价如洪水溃堤的情况下，高层对员工的喊话。充满高层对于品牌的期望，对于未来的信心，也是对自我管理失职的自责。信中一再昭示一件事：决定一家公司成败与否，产品是关键，但不是唯一。好的产品，当然是立足市场的重要因素，没有人可以因为推出充满瑕疵的产品，在消费者怨声载道的情况下，而有立足之地。但是反观而言，好的产品，如果有好的销售或服务人员加值，那么，它代表的不只是使用的功能，更是表征出它的情感价值。

在可见的未来，实体店面的销售人员直接受到网络购物的宅经济冲击，你要如何让顾客走出家里，到你的实体店面购买物品？你对顾客的价值到底在哪里，答案很简单，就是销售人员**与顾客之间的情感关系，这需要长时间经营，最难被取代，但却是核心价值所在！**

本章重点

不要制造问题：放弃产品至上

1. 心销售时代销售人员必须了解，好的产品的确是基本，但不是绝对的成交关键因素。顾客要买的是产品 + 主观感受。

2. 心销售时代销售人员必须注重专业基本功、给顾客的第一印象，让自己搭配好产品，真正产生“销售价值”的能力。

Chapter 3

经营关键时刻：学习北欧航空

北欧航空发现，一年当中，每一位乘客平均会接触北欧航空5名员工，这些接触的“瞬间”，都对北欧航空产生印象分数，是这些“关键时刻”，决定了公司的成败。

首次将韩国网络平台概念引入台湾的博弘科技（Next Link）副总经理理查德（Richard）是我大学好友，也是汽车迷。他说，最近看到新闻，有一款配备自动跟车系统的欧洲车，想去看看，他邀我一起去，理由是，我容易晕车，如果能不让我觉得颠簸，稳定性应该就没问题。能感受顶级车的服务，我当然愿意奉陪。出发前理查德提到，不论如何心动，他都没有立刻买车的想法。

一走进汽车营业所大门，三名销售人员同时看到我们，其中一位“资深”业务用眼神瞄了一下旁边的女业务员，那位短发、穿裙子的女士收到信号，堆满笑容大步朝我们走过来。另外两位男士则面无表情地坐在柜台后面，自顾自地看着手机。看起来，他们已经分配好工作，这位，就是负责向我们说明的销售人员。

“先生您好！看车吗？”这是无效问话，我们都已经走进来了，难不成来卖东西？销售员对理查德展开攻势，营业所内停放5台车，她从门口第一台开始一一介绍，但我们只想看有自动跟车系统的车，可是她连问都没问我们，径自说着话。

终于，走到一台旗舰版的车前，车体厚实，配备6个安全气囊、皮革座椅、高级音响，及“自动跟车系统”。理查德因此驻足，东问西问，进驾驶座足足坐了20分钟，后座也摸了超过10分钟，满意的表情，让我也嗅出他的兴奋。女业务员也展现出销售直觉，马上要求约“试车”，理查德满口答应，立刻约时间，填好试车的保险单，一切对女销售员而言，都是成交的大信号。当完成所有手续我们要离开时，女销售员在冷冽的天气里，穿着略显单薄的衬衫，以合身黑外套映衬专业，笑容可掬地送我们到车子旁，帮我们开门，协助我们倒车，这一切服务堪称“完美”。

试车的日子到了，女销售员带领理查德把车子从中和开到新庄。到了新庄营业所，所里也有三个人，看起来都是销售人员。

他们三人双手抱胸，眼神空洞，看到我和理查德走进去，没有微笑应对，没有眼神交流，身为赏车顾客，我和理查德两个人，像隐形人般，完全被这个品牌的人员忽略。

我则偷偷走到旁边的维修中心，只见车厂内凌乱不堪，地上有抹布和丢着的使用一半的工具。维修人员服装不整，自顾自地聊天。这个情景，让我心里凉了半截。

冷漠的销售人员、凌乱的维修服务，让我对这台有自动跟车系统的车子产生畏惧。因为这两百万元买下去，后续的保养和服务让人担心。我人虽然坐在豪华房车里，但是完全没有感受到车子的稳定和驾驶感，脸上因此没有表情，说话也有一搭没一搭的。理查德问我试车的感觉，我答不出来，见我一副兴致索然的样子，试车完毕他跟女销售员说，再看看！

女销售员悻悻地再引着我们回新庄营业所，到了目的地，让我们“自己下车”。和之前送我们离开的热情，截然不同，我们在错愕中结束这段消费者体验的旅程。

和顾客的每个接触，就从托尼·博赞（Tony Buzan）在《思维导图·商务篇》一书里所称的“关键 4 英尺”（the last four feet）开始。

4 英尺，约 1.2 米，约莫是人类走两步的距离，是销售人员和顾客开始产生眼神互动，也是顾客购物体验的开始，从这一刻开始到离开店面，我们称这是一段“顾客的消费旅程”（customer journey）。根据《这就是服务设计》（*This is Service Design Thinking*）作者之一西蒙·克拉特沃西（Simon Clatworthy）所称：**“服务就是在顾客旅程之中，服务提供者与顾客双方，在许多不同接触点，进行的一连串互动过程。”**根据此观点，顾客的购买及任何决定，会从整体环境、与产品接触、与人员接触、顾客异议处理的一连串互动过程中不断发生。顾客会在每个与销售人员接触的环节，脑中不断地评分。而总评分的分数越高，成交概率越高，后续回购越高，你被指定服务的机会也越高。

现在，让我们来谈谈业务人员与顾客的这段旅程，以及和顾客互动的接触点（contact points）。

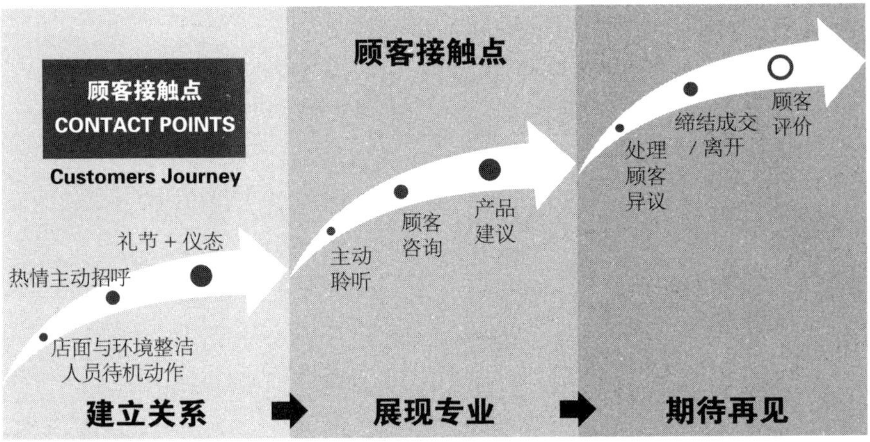

北欧航空的反转

谈到“和顾客互动的接触点”概念的运用，就必须介绍北欧航空公司。通过北欧航空的企业案例，可以看到每一位服务人员，是如何刻意意识到与顾客的接触，注重每个细节，而让这家航空公司得到顾客的认同与赞许，成就庞大的商机，也让各位读者和我的试车经验做比较。

创立于 1946 年的北欧航空总部设在瑞典斯德哥尔摩，1954 年，北欧航空开创了全球第一条“北极航线”，使其一炮而红。北欧航空主要服务商务人士，但许多航线却需要转机，让商务客相当诟病，因此当詹·卡尔森（Jan Carlzon）接手总裁一职时，北欧航空的财务状况已岌岌可危，董事会不愿意再继续投资，也不再购买新飞机，让卡尔森立刻感觉到经营压力。

卡尔森到任后，立即展现积极、高效的管理作风，其中，最特别的，就是卡尔森所推行的“三 P 客机”（Passenger Pleasing Plane）。

三 P 客机，就是让“乘客满意的客机”，飞行不仅是通过座椅、供餐，人坐在飞行器里的集合，而是**一次次让乘客满意的服务接触“总和经验”**。卡尔森发现，乘客在与第一线人员接触的短短 15 秒内，就开始对北欧航空公司产生评价，而这 15 秒的短暂时刻，不论是空服人员递送毛毯、餐饮，一个广播说明，抵达时的微笑送客，卡尔森都称之为“关键时刻”（moments of truth）。卡尔森经过缜密的观察，发现一年当中，平均每一位乘客会接触北欧航空公司约 5 名员工，而这些接触的“瞬间”，都对北欧航空产生 5 次印象分数，如果以每次 15 秒计算，每年 5000 万次接触，产生 7.5 亿秒的“关键时刻”，而这，即决定了公司将来的成败。

关键时刻的“关键主角”

“关键时刻”背后重要的意义，就是**让“关键主角”充分发挥角色**。

在与顾客互动的过程中，顾客心中会在某些接触点打下印象分数，因此“关键主角”的任务，就是在这段接触时间里，争取到“印象高分”。

来吧，现在我们就来一次乘坐飞机的想象之旅。把这个例子复制在你的销售过程里。

到了机场，请问你什么时候看到航空公司人员？答对了，第一个“关键主角”，就是航空公司在机场工作的柜台人员。

他们必须协助你办理登机、确认行李托运、说明转机细节、划定座位。柜台人员是你第一个见到的航空公司的人，他们决定了你对这家航空公司的第一印象，也是你开始为这段旅程评分的关键角色。

“关键主角”：登机前的柜台服务人员

“关键时刻”：旅客 check-in

“关键行为”：服装仪容、亲切微笑、招呼欢迎语、双手拿取顾客护照签证、说明班机状况、确认座位、确认行李托运及重量、说明转机注意事项、确认是否需要其他协助拿到登机牌，和家人、朋友道再见，排着队，进入到安检区，如果还有时间，你可以背着随身行李转转免税区。你走到登机闸门，确认航班号码，找个空位坐下，等登机广播。你看到闸门口的柜台，穿着航空公司制服的男男女女忙进忙出，你心里祈祷班机不要误点。这些服务人员是你看到的第二批航空公司人员，是你经过一连串通关、检查，出游心情酝酿后，终于进入到“旅行意识”的指标性人员。登机了！你拿着登机牌排队，航空公司人员可能会称呼你的姓氏，并祝你有一段愉快的旅程。你打下了第二个印象分数。

“关键主角”：闸门前的登机服务人员

“关键时刻”：旅客准备登上飞机

“关键行为”：仪态仪容、微笑待机动作、广播声音的热情音调及说话速度、称呼乘客姓氏、撕下登机牌、递送登机牌、服务速度、登机状况告知

通过闸门口，走进空桥，前面旅客的移动步伐开始变慢，你心里有些焦急，想赶快开始这趟旅程，在看不到排队尾端的尽头，空桥的另一端，是旅行的开始。

现在，你终于走到空桥的另一端了，放眼一瞧，门口两边的航空公司人员，就是即将照顾你这趟旅程的人。你把登机牌给他，他指引你往左边走，你看到座位了，你知道即将展开 12

个小时的窗边旅程。你把随身行李放在前座椅下方，手机关机，扣上安全带。你看着机舱内的服务人员，看着他们的制服，想象他们的年纪，猜测他们的国籍，你会开始打下第三个印象分数。

“关键主角”：机上空服人员（迎接顾客）

“关键时刻”：旅客进入飞机

“关键行为”：仪态仪容、热情微笑、见面招呼、热情音调、眼神专注、座位引导

“Take off, all crew be ready！”机长一声令下，飞机起飞了。眼睛看着窗外的白色碎云，衬着蓝色的天空，刺眼的阳光让你把窗户关上，你的眼神回到机舱内，除了眼前的电视吸引你的注意力外，你心里想着，什么时候开始供餐啊？漫长的登机消耗体力，想好好吃一顿。

香味总是比服务人员更快来到你跟前。期待好久，餐车终于推到你身边走道。

你犹豫着要不要试试新口味，之前打听过这家航空公司餐点不错，因此你决定来点新的。又高又帅的服务人员面对沉重的餐盘，似乎一点都不吃力，稳稳地让餐盘恰好躺在你面前，他亲切地问要不要来个餐包，并大力推荐茴香面包搭配今天的牛腩汤汁，非常爽口，你当然满口称是，而热腾腾的面包用夹子放到你的餐盘，就像从天上跳下来的礼物，你心里开始打下第四个印象分数。

“关键主角”：机上空服人员（餐点服务）

“关键时刻”：餐饮服务

“关键行为”：仪态仪容、亲切微笑、亲切音调、产品需求询问、产品推荐、产品放置、产品收拾

飞行时间已经超过 11 个小时，久坐，实在令人难耐，眼看只剩半小时飞机就要开始下降，准备抵达目的地，心里竟然有点焦急，想要赶快离开这狭小的机舱，而当机轮擦地、天摇地晃的刹那，你已经穿好鞋子，穿上外套，手机握在掌心，随时都有想要离开这里的冲动。等待的时间总是漫长，终于听到机舱门打开的声音，拿着随身行李，跟着其他乘客走在走道上，远远一望，所有的机上服务人员，从容地和乘客一一道别，仿佛这 12 小时不存在一般，而你的脸色土黄、全身酸痛，不敢相信自己和他们共度这些时间，这时，你终于打下最后的第五个印象分数。

“关键主角”：机上空服人员

“关键时刻”：旅客离开飞机

“关键行为”：活力仪态、完整仪容、亲切微笑、热情音调、眼神专注

当你领到行李，走出机场，面对异国的阳光，与航空公司

的结缘，终于告一段落，而你因为这五次的“关键接触”，为这家航空公司打了五次分数，五次的关键接触分数加加减减下来，会让你有一个印象评价的总分，而这个总分，会让你决定要不要再搭乘这家航空公司。

· 这些关键主角都必须经过完整的训练，并且意识到自己正进入到关键时刻（关键 4 英尺），才能发挥关键的杠杆效果。杠杆效果意指只须轻轻使一点力，就可以得到相加甚至相乘的结果。

· 关键主角具备主动性，以专业为底，站在顾客的立场随时介入关键时刻。

此时，“同理心”是关键元素，因为关键主角必须为顾客设想，才能增加关键时刻的效用。

· “授权”是关键时刻的最大关键。企业必须通过授权，让关键主角可以处理现场状况、展现专业以及热情主动，如此，才能达到关键效果。

我把以上的“关键时刻”称为大项目，“关键行为”称为小细节，整理出以下表格：

关键时刻自我评估表

（以旅客航空旅游为例）（1最低分；5最高分）

旅客 check-in		1	2	3	4	5
1	服装仪容					
2	亲切微笑					
3	招呼欢迎语					
4	双手拿取顾客护照、签证					
5	说明班机状况					
6	确认座位					
7	确认行李托运及重量					
8	说明转机注意事项					
9	确认是否需要其他协助					
闸门：旅客准备登上飞机		**1**	**2**	**3**	**4**	**5**
1	仪态仪容					
2	微笑待机动作					
3	广播声音的热情音调及说话速度					
4	称呼乘客姓氏					
5	撕下登机牌					
6	递送登机牌					
7	服务速度					
8	登机状况告知					
空桥：旅客进入飞机		**1**	**2**	**3**	**4**	**5**
1	仪态仪容					
2	热情微笑					
3	见面招呼					
4	热情音调					
5	眼神专注					
6	座位引导					

餐饮服务		1	2	3	4	5
1	仪态仪容					
2	亲切微笑					
3	亲切音调					
4	产品需求询问					
5	产品推荐					
6	产品放置					
7	产品收拾					
旅客离开飞机		1	2	3	4	5
1	活力仪态					
2	完整仪容					
3	亲切微笑					
4	热情音调					
5	眼神专注					
总分						

我借由搭乘飞机，为“关键时刻、关键行为”进行示范，你可以用同样的方法，自行整理专属于自己的表格。行为动作只要经过表格整理，就能量化。不断检视自己与顾客的每个关键点，理解自身的销售动作哪里可以再加强，看着表格分数的起落，你可以不断检视自我销售状况。

你跟着我的思路走了吗？

因为我们要复制这段旅程，放在你的销售中。卡尔森通过关键时刻的管理，让北欧航空在半年内将亏损的800万美元打平，接着，更在下半年赚回1700万美元，而这一切只不过用一个简单的概念和做法：经营和顾客的“关键时刻”。

你想拥有这样惊人的成果吗？不只赚钱，而是在关键时刻，轻松地赚大钱？

1984 年《民航世界》杂志决定将“年度最佳航空公司”殊荣颁给北欧航空，让一家员工士气低落、市场占有率落后、赤字累累的公司，彻底改头换面，提供全世界最佳的商务班机，并开始获得丰厚的盈余。

他们做得到，你也可以的！

陪顾客走一段美好的旅程

对于“关键时刻”一词，更贴切的说法是：“让顾客觉得买东西这件事，就像展开旅程一样贴心舒畅。”而销售人员所扮演的角色，就是提供顾客的生命场景或片段，顾客走进销售人员所布置好的或者期待的环境里。每位顾客都在等待一种惊喜、一种体验的创造、一种希望能再走进来的美好旅程，而从事销售工作的人员，就是互动场景中的最佳扮演者，是个接口，也是个创造者、引导者，在短暂的一个眼神中，或者微小的分钟、小时内，让顾客和产品产生有价值的对话。

从下一章开始，我们要来复制北欧航空的“关键时刻”步骤，且在每个关键步骤定义出“关键行为”，让每一位拿到这本书的你，照表操课，不必依赖过多的心法，因为，我会告诉你该怎么做。

本章重点

经营“关键时刻”：学习北欧航空

1.“关键4英尺”是成交的关键元素。当与顾客有感官上的互动，例如眼神互动、问答、递送等，只要站在顾客角度，顾客会加以评价的所有销售动作，都是“关键4英尺”的重要元素。

2.“关键时刻”来自与顾客接触的关键刹那，做到让顾客完全满意的服务动作，它让北欧航空起死回生，甚至得到1984年年度最佳航空公司的殊荣。

3.“关键主角”决定每个“关键时刻”的品质展现，“关键主角”可能是重复的一批人，却能展现不同的关键服务动作。

4.“服务意识”“服务主动性”“服务授权”是展现“关键销售”的三个重要元素。

5.“陪顾客走一段美好旅程”是每位销售人员的主要任务，让顾客去体验、去感受，而不是通过急促成交，让交易只有一次。

Chapter 4

当他的销售顾问

我问超级销售人员，是怎么做业绩的，他的回答是："我不知道啊，我就是一直都这样做。"

如果你问网球好手费德勒（Roger Federer）如何以正手拍拍出横越对角线的制胜球，或者，访问高尔夫球大将老虎·伍兹（Tiger Woods）是怎么挥出350码远的右偏球，答案都一样，他们会说："不清楚！"他们已经把所有动作融入到肌肉记忆，遇到状况，会直接由大脑判别意义，立即做出反应，难怪当电视台记者访问阿根廷足球明星马拉多纳（Diego Maradona）时，他曾说："我一生出来，双脚就已经知道怎么踢球！"这种因为通过高度的练习所产生的自然动作，我们称之为"专业引起的失忆”（expert-induced amnesia）。只是，运动界有专家在解析运动员的动作，但是在销售界里，却少有人这样做。但我需要立刻帮我所服务的企业，找到制造超级销售人员的方法。公司销售人员高度流动，招募速度慢，新手上路更是龟速。无奈业绩不等人，老板也等不及了，我被要求在短时间内找到培养超级销售人员的方法。

零售业的业绩压力很大、工时很长、顾客状况也多。要想长期从事这一行，需要喜欢新事物、对工作超级投入，并且知道如何纾压和创造成就感。当年我在全球最大法商美妆集团工作时，大老板一天内至少会盯三次业绩，我的好朋友、业务主管 KiKi 曾经告诉我，12 月 31 日晚上 12 点，是全世界销售人员最沮丧的一天，别人都在看烟火，她呢，担心新的一年开始，所有业绩归零，从零开始的感觉，实在很令人沮丧。

但是 KiKi 的压力不只来自业绩，更来自人员高流动率。

当时品牌的人员流动率曾经高达 50% 以上，人员流动意味着业绩流失。因为人员会带走主顾客，而如果人员移动到竞争品牌，我们的损失更是惨重。后来 KiKi 因私人因素离职了，我必须一个人扛下招募、培训新人及稳定老鸟心情的超级任务，我几乎崩溃。我跑去百货公司问超级销售员：“你是怎么做业绩的，我想了解更多个中秘密。”但我每次都失望而归，因为他们说不出具体事项，或者，也不知道该怎么说。但是，我需要快速复制超级业务，我需要找方法！

当我接触到北欧航空公司的故事时，我的直觉告诉我：我找到答案了。

事实上，北欧航空的“关键时刻”经营，带来的企业体质改变是如此巨大，获利如此迅速，因此在 20 世纪 90 年代成为服务业的显学。许多以人力堆出的高密度服务业，大量使用“关键时刻”的概念，以此作为服务业自我提升的心法及工具。

“关键时刻”也开始在销售界运用，并获得具体成果。通过将销售旅程切割，将原本经验导向的销售，变得有系统、有步骤、有结构。

好消息是，只要有系统、有结构，就可以复制，开始教别人，让别人可以跟着做。就像本书，我可以将销售经验切成一块一块的，让你照着每个步骤，不断地复制、练习，练习、复制。

我在实践“关键时刻”的培训经验上，至少有十年的时间，为了证明这套方法的有效性，并且看到对业绩的帮助，我在品牌担任培训主管时，特别整理出某些“关键行为”会带来多少“关键业绩”。

我曾经将界定“关键时刻”的行为推行到亚洲最大的养生食品零售业者。通过和销售单位主管合作，了解顾客从接近店面，到离开店面的整段服务过程，并亲身扮演顾客，谨慎找到“最关键”的“关键时刻”，开始定义出每个“销售行为”。

我们惊讶地发现，只要找到“关键时刻”，完全不需花额外成本，不仅提高了顾客满意度，业绩也相对成长。

关键第一步：先找到“销售段落”

要使用这套方法的关键，就是你得先找到顾客在意的到底是什么关键点，会打分数的是哪一刹那。

当我们试着使用这套方法时，一开始雾里看花，因为和顾客接触的点实在太多了，包括对顾客微笑、顾客询问产品在哪里、协助顾客结账等都是，我们一群人锁在会议室中，讨论又讨论，一开始真的找不到出路。

过程太累了，业务主管丢下一句话：“我又不是客人，我怎么知道他什么时候会打什么分数。”说完就走出会议室找咖啡提神。就是这句话，启发了我的灵感，我跟培训部副经理蒂芬妮说：“那我们就来当真的客人，看看如果是顾客，会怎么看整段销售过程。”于是放弃专业、放弃熟悉感，用放空的心情走一趟店面，我们惊讶地发现，当换位思考、用顾客的眼光看自己，真的跟当局内人时的心情完全不一样。即使到今天，我还是有一个习惯，每个月都会到某品牌店面担任神秘客，体会顾客的感觉，以及种种销售的细节和步骤。

我们以尼尔·雷克汉姆（Neil Rackham），《销售巨人》（*SPIN Selling*）作者在荷士卫研究机构（Huthwaite）以 12 年时间分析超过 3500 个销售案例的销售系统为思考模型，以“建立关系”（Build Relationship）、“探索需求”（Explore Needs）、“展现专业”（Provide Expertise）、“期待再见”（See you again）为 4 个阶段，以此进行内部的销售模式，并予以验证是否有销售结构。

为了验证销售流程，我邀请3位朋友担任神秘客，并通过事后访谈的印象整理，发现有这4个与顾客接触的“销售段落”的确是关键，因此，我们以此架构开始进行流程设计。这套销售系统，让初次接触销售的人，快速找到方向和方法，让菜鸟立即上手，并让普通销售员变身为超级销售员。

我强烈建议，你可以通过4个段落开始进行自我学习或调整。

关键第二步：成为顾客的“销售顾问”

在进行说明之前，先声明这套销售方法的前提。

我们必须承认，现在顾客的选择很多，而顾客的防备心墙也高，因此我们要求销售人员放弃“缠斗功”，放弃“产品至上论”，这些，我们已经跟读者们强调了，衷心希望这些失败的销售故事，能让你下定决心学习新方法。

那么本书逻辑建立在什么基础之上呢？答案是：以心理学的说服，结合顾问式销售（Consultative Selling）的方法，最后再以传统的销售缔结，进行强力成交。

顾问式销售兴起于20世纪90年代，销售人员针对顾客所需，提供咨询，以专业知识、主动提问，来“推测”顾客的需求，借由专业的产品和服务建议，符合顾客所需，解决顾客问题。

顾问式销售与传统销售相比，前者更注重买卖双方深刻的关系，而不是一次交易而已。顾问式销售也要求销售人员投入更多的情感在双方的关系上。一旦销售人员建立起“顾问”形象，我们就可以预测，顾客忠诚度高，且不容易因为价格变动或顾客抱怨，业绩被取代。

我在带领销售团队的一开始，会先确认他们心态上的自我定位，先在内心认同“顾问专家的角色”。毕竟，销售就是在“推销自我”，我以医师诊断的过程做说明，以了解“顾问式销售”的关键元素。

假设你今天不舒服，趁着拜访客户之余，或是下班之后，带着健保卡到诊所挂号。等了半小时终于轮到你，你走进诊间，看到医生了。

医生穿着白袍，专业形象非常符合你心中的“医师期待”，医生戴着厚厚的眼镜，颈部挂着听诊器，年纪五十岁上下，“应该”是位资历很深的医师。

你没见过他，但是你却“确定”你找对人了。

“张小姐，你怎么了？”医生主动问问题。

“医生，我喉咙痛，骨头酸痛，吞东西也会痛。”你试着将问题告诉医生。

但是，谁知道你的陈述是不是对的，也许，你的肚子也咕噜咕噜叫着，同时你也没注意到，前一个小时，你已经开始咳嗽了。

“我来看一看。”他会根据你所说的，初步判断病情，这时他拿出压舌棒，要你张大嘴巴，先以肉眼目视确定喉头是否发炎。接着，拿出耳温枪往耳朵一放，看看是否超过 38 摄氏度。最后，两手拿起听诊器，确定呼吸是否有杂音，等所有检验动作完毕，他看着你的双眼发问。

“这样多久了？”他其实心里有答案了，现在正在做推敲。

“有没有对什么药物过敏？”他已经知道问题在哪里，并且，已知道要开立什么药方了。他只是在做最后确认。

“你只是感冒。”他宣布答案了。

“我开给你三天药，蓝色药包是白天的，三餐饭后吃。绿色药包是晚上睡前半小时吃。张小姐，因为你上班需要，喉咙长期发炎，我担心你接着会咳嗽，因此我多开了一个药水给你，如果开始咳了，你就每餐饭后喝个 5 毫升即可。红色药包则是发烧到 38.5 摄氏度时，立刻吃。这是特别帮你备用。”医生提出药方，并且做完整个说明，以确认使用方法无误，可以达到最佳治疗效果。

当你带着感激的心情，觉得这个医生真是万能，竟然能预测你的病情，而且，是那么的为你着想，帮你先准备咳嗽药水和发烧药包，一离开诊所，整个人就感觉像好了一半。

这整段过程，就是“顾问式销售”的精神。

相信我，医生的看诊是有 SOP（Standard Operation Procedure）步骤的。他们能预测病情进程，也知道使用药的极限。但是，医生们在确定用药之前，仍必须通过**“提问”“确认”“说明”**来确认**“对症下药”**。不要忘了一个重点，就是当你离开诊所时，你那雀跃的心情，是的，这整段过程，会让你不论病情是否立刻好转，都会让你下次有状况时，急着再来找他的“未来期待”。我相信，你不会随意到任何诊所看病，有状况，你会继续跟着这位医生，你会有“忠诚度”，因为你曾经有过被照顾且难以忘怀的看诊经验，这点，是很难被取代的。而这就是“顾问式销售”要追求的精神。

顾问式销售的要点

·要成为顾客的专业顾问，销售人员必须和顾客建立“朋友关系”，即双方在未来有互动机会。

·要建立朋友关系，找到彼此的“共同点”是关键。

如何成为顾客的朋友，是一门学问，尤其，很多销售人员在遇到顶级顾客或高资产客户时，原本的自信会因为紧张而打折，整个人突然变成缩头乌龟。

我让你感受一下所谓突然变成缩头乌龟的感觉。

假设，鸿海的董事长郭台铭先生现在坐在你身边，请问你要怎么和他建立“朋友关系”？

我想答案肯定不是问他鸿海扩展版图有多大，影响的员工有多少人。谈工作，你的视野不如他。谈生活，又怕一下子冒犯他，你得想办法，引起他的兴趣和关注。你必须展现换位思考的能力，你要想，他什么都有了，那么，他到底想要什么？另外，有没有什么是你可以和他对话的共同话题，想一想，如果你挑起了话题，引起他的兴趣，那么，你在这位顾客的印象里，就不只是个专家，还是个了解他并且专业到可以解决问题的人，因为郭台铭先生会觉得“他很厉害，他知道我要什么！”有关这部分，我们会在 Chapter5 至 Chapter7 讨论。

·要成为顾客的专业顾问，销售人员必须“展现积极的自信”。

·自信的基础来自“专业知识”。

在整段销售过程里，顾客会用各种方式确定你的专业度，因此你必须一开始即表现出自信的态度，不要急着成交，反倒要站在顾客的角度，去衡量他的所需。我常说：**“卖顾客需要的，而不是卖你想卖的。”**被吉尼斯世界纪录连续 12 年认证为世界卖车纪录第一名的乔·吉拉德（Joe Girard）即曾表示，他成为世界级超级业务员的方法，就是通过热情的互动、自我经验的分享，和顾客立即建立关系而成。

·提供对顾客最有利的专业建议。

·信任关系的建立，来自于顾问的态度。

《牛津字典》对于“顾问”的定义：“有足够的资质提供

专业的建议和服务的人。”

而顾问的立场必须“展现中立、无私、专业，以站在第三者的角度，提供没有商业利益的建议”。

在我的经验中，借由简单的提问，一针见血地直指顾客的问题或所需，是能在最短时间内建立双方信任关系的方法。我个人相当喜欢尼尔·雷克汉姆在《销售巨人》一书中对问题的分类和运用。有关这部分，我们将会在 Chapter8 至 Chapter10 讨论。

本章重点

当他的销售顾问

1. 系统化的销售，让销售新手找到方法立即变成销售好手。

2. “关键段落”是销售系统化的第一步，也是前提。必须站在顾客的角度，定义出对顾客有意义的销售动作。

3. “顾问式销售”是销售系统化的第二步，销售人员必须放弃传统业务心态，将自己定义为“成为顾客的专家”，过程类似医师看诊的特色。有三个要点：

· “建立朋友关系”：展现换位思考，寻找共同点。

· “展现积极自信”：建立自己的专业，展现销售热情。

· “无私的专业建议”：直指顾客问题及所需，给予中立、无私、专业的第三者建议。

Step

2

销售前哨站

赢得好感

世界上伟大销售人员的重要特质，就是拥有自信。

而自信来自成交，所以尽快让自己成交第一笔订单，以肯定自己的能力。销售自信来自梦想，先设想自己的梦想，才能朝目标前进。

有了自信，接下来就是迈出销售的第一步，让陌生客对你有好感，所以要学会管理仪容。

第二步，与顾客进行“破冰”对谈，两个方法让你的破冰技巧即学即用，再以 SONCAS 的沟通方法，通过几个关键字，立即判断“顾客类型”，快速与顾客建立关系。

Chapter 5

培养业绩自信

跟我们素未谋面的陌生人，花 20 分钟思索的相关讯息，对我们的了解可能更胜交往多年的好友，为什么？

我很喜欢这个故事，常拿来和销售人员分享，因为，接下来要谈的，是很多销售人员经常会忽略的部分。

1983 年 9 月，意大利艺术品商人贝奇纳（Gianfranco Becchina）和美国加州的盖提美术馆（J.Paul Getty Museum）接洽，贝奇纳宣称，拥有一座公元前 6 世纪的希腊少年雕像，保存完好，开价 1000 万美元，希望盖提美术馆购买收藏。

盖提美术馆大感兴趣，委请加州大学地质学者马戈利斯（Stanel Margolis），展开一年又两个月的查证后，证明少年雕

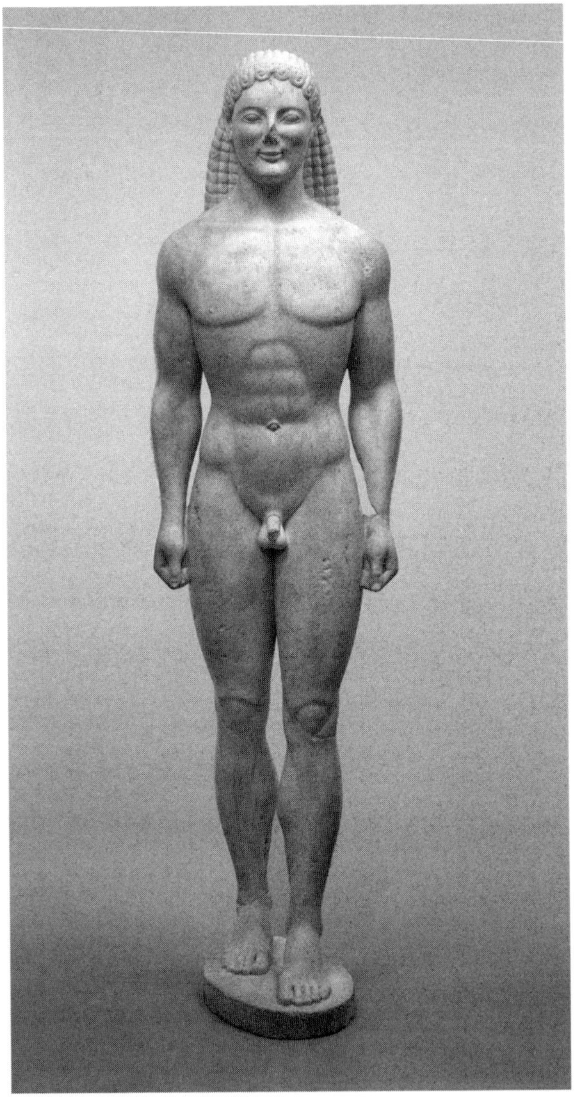

美国加州盖提美术馆收藏的少年雕像

像并非赝品，因此馆方同意买下这座雕像，并在 1986 年正式亮相，成为馆内最受欢迎的馆藏。

这成为媒体报道的焦点，毕竟，价值 1000 万美元的古希腊文物，对美国民众而言，不仅能添加文物宝藏，也更证明，加州不是只有好莱坞文化而已。

把握决战两秒间

1983 年年底，全球最负盛名的希腊雕像专家哈里森（Evelyn Harrison）来到这座雕像前，当他抬头看到这尊高达三米的雕像时，感觉这座雕像似乎少了什么。哈里森带着疑问离开加州后，邀请纽约大都会博物馆前任馆长霍文（Thomas Hoving）到盖提美术馆看这座雕像。霍文馆长也经历了哈里森一般的感受，霍文第一眼看到这座雕像时，脑海中浮现的竟然是“新颖”（fresh），“新颖的确是很古怪的反应”，霍文回忆道，他也不了解自己为什么会有这种反应，还转身对盖提美术馆的人问道：“买了吗？”结果，盖提美术馆的人一脸错愕和惊吓，因为，当时已经签好购买合约了。

少年雕像的真伪因此变成一个谜，无数的检测，包括电子显微镜、电子微探针、质谱仪、X 射线，都一再证明这座雕像来自希腊，且雕像最上层的白云质大理石需要好几百年甚至数千年光阴才会成为方解石。简而言之，它，不应该是赝品。但是希腊艺术专家认为这个雕像是个令人困惑的“拼凑之作”，分析到最后，你猜：地质学家用科学仪器检测出来的结果，是真的，还是如两位专家级人物的直觉判断，是假的？

经过数年的争论，这个雕像最后无法确定为真！这座少年雕像的蓝图很像是20世纪80年代罗马一名雕像仿制家的成品。因此，你现在到加州盖提美术馆，可以看到这座少年立像的注脚写着：“约公元前530年，或为当代赝品”。

精彩的完整故事，你可以参考格拉德韦尔（Malcolm Gladwell）的《决战两秒间》（*Blink: The Power of Thinking Without Thinking*）一书。

在这一眼的瞬间，人类大脑已经用跳跃的方式直接下结论。通过以前的经验、学习，每个人对生活、工作、购物行为，进行直觉判断。而此种对人、事、物的瞬间决定，往往在一开始，就主宰交易与否，但是，许多人都忽略了这个瞬间互动所带来的影响力。其实我们每天都在经历“决战两秒间”。

全世界最大商业书摘网站益得书摘（get Abstract）的创始人，也是瑞士知名文学家、思想家的罗尔夫·多贝里（Rolf Dobelli），在2011年出版的《行为的艺术》（*Die Kunst des klugen Handelns*）一书中谈到“期待”对人类行为的影响。当事情没有按人们的期待发生，所产生的反弹，会无理性、大幅度地反映在股票市场。这个有趣的结论，告诉我们一件事，期待充满了强烈的自我暗示，人们会朝着暗示进行自我催眠，并且让想象成真。这种“皮格马利翁效应”（Pygmalion Effect）[①]在生活中每个环节都可见。例如，当我们到精品店，会理所当然要求高档服务；例如，我们不会怀疑高档精品品牌会用“便宜的”酒杯让贵宾喝香槟酒，我们也不认为“顶新”这么大的集团，竟然会使用脏污的地沟油制作食品。

由于“期待”的力量是如此之大，会让我们把许多事情视为理所当然。

“决战两秒间”就是在一开始，就创造顾客对我们的期待，只要有对的开始、对的联想与对的期待，销售就只是让这个期待自然成真。

可惜的是，许多销售人员往往忽略“决战两秒间”的力量，并以自己的眼光“矫饰”和顾客的互动，把与顾客互动的前哨站，设定在“销售人员看到顾客的刹那”，错！大错特错！

我来告诉你为什么。

① 皮格马利翁效应：1966 年于美国推行的一个有关教育心理的皮格马利翁效应实验中，研究人员在一批小学生当中，先测试他们个别的智商，再随机抽出 20% 为实验组，然后对教师声称这批实验组学生是资优儿童。大约一年后，研究人员再为这些实验组学生测试智商，发现平均增长率明显高于其他学生。为什么本来仅是平均资质的学生，被点名为资优儿童后，智商发展会突飞猛进呢？原因在于教师们对被钦点为资优儿童的学生特别照顾，令这批实验组学生能够从老师的特别关怀、重视、鼓励以及爱护中，增强了自尊和自信，刺激了学习动机，加快了成长速度。

比马龙效应是近代教学研究的重要发现，皮格马利翁效应是指人在被赋予更高期望后，会表现得更优秀。

谁先看到谁

我在担任公关暨教育训练经理时，曾经发生一起客户投诉。当时，我对那位顾客的无理是有情绪的。但是，随着与顾客的互动越发多样，且时过境迁后，我发现，我漏了一件事。

这位销售人员，我称她莉莉。莉莉大约30岁，身高165cm左右，体重不到50公斤，高、清瘦，一件式洋装制服穿在她身上，活像模特儿把台步搬到专柜里，确实好看，但是，她有两个很大的状况。

她的婚姻在孩子不到周岁时就断然结束，自己带着襁褓中的小孩，在零售业站柜上班，是非常辛苦的事。30岁的她看起来愁容满面，那个苦，不知道是来自想念孩子，还是怨叹婚姻。开口问她还好吗，她只是乖巧地说没事没事。她都说没事了，挖人隐私总是不好，即便想要开导，也没法真的解决她的心事。但撇开这些状况，莉莉的产品专业和销售技巧，却是没话说，果然是待过大公司、大品牌的，来我这里三个月了，业绩直逼销售第一名的店长。

人缘不好的莉莉，有一天下午2点左右到班，另外两位同事急着交班，希望她30分钟内接班。莉莉匆匆忙忙到地下美食街囫囵吞枣地吃完一份排骨便当，随便补个妆，就在柜上站好，开始当班值勤。

才站好没多久，这时她发觉，右边的臼齿卡了一块绿色的葱，因为吃饭太快，这一小块葱来不及细咬，结果卡住。她开始要用舌尖想把那块葱给剔出来。

她试了好多次，因为太使力了，舌尖有点麻痛，她气自己不该吃得这么匆忙，边想着，舌尖又再用力，整个心思都在舌尖，因此莉莉眉头皱了好几下，而这些负面的销售动作，莉莉浑然不知已经被顾客看见了。

那一小块葱很顽固地卡在臼齿里，似乎没有动摇的趋势，实在很伤脑筋，怎么办？ 莉莉边想着，因为太专心了，让原本垂放在两边的双手，竟然不自觉地交叉起来。莉莉心里想，我已经被生活打败，也被婚姻打败，我不要再被一小块葱给击垮了。因此，两手交叉抱在胸口，皱着眉头，眼睛瞪大，她誓言要打败这个让她极端不舒服的小东西。

她气得很，跺了一下脚，就这么一施力，葱竟然从臼齿的缝隙中松脱出来，她重展笑颜，总觉得困难还是可以解决的。但她不知道，这一切，被一位站在对面走道、打算过来买保湿精华液的顾客看在眼里，完全不是我文字所描述的样子。

隔天早上 9 点钟不到，我就接到投诉电话，我还清楚记得一些细节，以下是同一个故事的顾客版本。

“我昨天下午去你们专柜，远远就看到柜台站了一个小姐。本来我朋友要直接过去买精华液，但是我觉得你们家东西太贵了，正在跟我朋友讨论要不要买的时候，我远远看到你们小姐，”她倒吸一口气，然后连珠炮似的说，“看起来就好像很不开心，一副拒人于千里之外的样子，我才往前走一步，她竟然皱起眉头，两眼露出凶光，接着还双手交叉抱胸，感觉很凶的样子，接着，她更可恶了，竟然还跺脚。这是怎样，叫我不要过去买是不是？你们业绩好成这样，是这样对客人吗？”她好激动，但这误会大了。

莉莉没有注意到顾客的关注早就开始，我也漏了这个细节：原来和顾客的关键接触前哨站，其实是从“顾客看到我们”就开始，真正的销售，来自于“你还没看到顾客”之前，而这一切，只有短短两秒钟！你已经看过希腊少年雕像的故事，你应该知道，销售人员如果没有投资自己、为自己准备好，顾客只需要轻轻一瞥，就会直接跳到结论，在心里立刻做出决定。有关销售前哨站，有个部分要先准备好：建立销售自信。

建立销售自信

你喜欢销售吗？

若在10年前问我，我的答案一定是：“不喜欢！”甚至会大声呐喊说：“不！”

我的人生志愿，就是希望能安稳地坐在办公室，在外企优越的环境工作，如果有机会，还可以趁着到国外开会时，游览一下难得的异国风光。销售，压力好大，而且，令我害怕。

人生就是这样，越逃避的事，越会不知不觉到你跟前。

现在，让我问你另一个问题。

你喜欢你所销售的东西吗？

对我而言，自己不喜欢的东西不卖，我要求自己，自己卖的东西全部都要使用过，而且我是卖理念、卖想法、卖概念，不只“卖东西”！

当我服务于法商某品牌时，我告诉自己，我贩卖的是一种法式的传统、优雅。

我销售给喜欢法国经典品牌、注重质感的顾客。我希望这群顾客，在涂抹瓶瓶罐罐之余，能多一份女性自我欣赏。这是我的理念，也因为这份理念，我才会推荐适合她们的商品。

销售理念，是伟大销售人员的重要特质。业绩的自信来自对自我理念的认同。

许多销售人员“阵亡”，多半来自对销售达成的极度渴望。他们设定激进的业务目标，没有给自己经营客户的时间，因此到了三个月、六个月，没有计划地乱枪打鸟，发现业绩达不到五成时，销售步调就开始乱，心情开始浮动。信心不够坚定的结果，就是放弃。但销售就像盖房子的过程，当你花越多时间，把地基扎得越稳，所盖出来的房子，才会又大又稳。

学会时间管理

当一名销售人员，最主要的工作动力是“金钱回馈及荣耀肯定”。

销售人员的主要收入就是他的业绩，通过业绩总和的达成，计算出的个人业绩和团体业绩比例后，那就是每个月的收入。

假设你的店面一共有三个销售人员，个人业绩占比 2%，团队业绩占比 3%，这个店面这个月的发票金额业绩是 100 万元，那么依照这个业绩比重，聪明的你很快可以算出，你一年大概可以领多少，但这不是重点，因为这是你“可以计算出来的收入”。

但是，我要你展现更多企图心，为了你的梦想，你“想要赚多少钱”呢?

对我而言，为了我的人生计划，设定工作目标非常重要。作为一个积极的销售人员，我不会让业绩“自然发生”。我会设定我的梦想目标，而且会将整体目标切割成一个个小目标，我甚至通过买房子还房贷的压力，逼迫自己将 20 年的房贷在 5 年内还清。

如果你一年想赚 120 万元，那么你一个月至少要有 10 万元的收入，10 万元的收入计划从 40% 的团体业绩、60% 的个人业绩中达成，你就得开始计划了，因为一个月得做到 700 万元业绩，一个星期要有 175 万元目标，一天得有 25 万元，每小时至少有 3 万～ 4 万元的实质产出。经过这样的计算，你会知道，一年工作约 270 个工作日，一天 8 小时，每个小时你要冲出 4 万元的业绩。你会开始节省且善用你的宝贵资源：**时间**。

时间管理是销售人员最重要的基本能力。

我的习惯是，除将时间切割成日、周、月、季四个单位外，我再将“每日”分割成“开店后到下午 2 点午间人流结束”“下午 2 点到 5 点午茶逛街人潮”“下午 5 点到下午 7 点下班人流结束”“晚上 8 点到关店结束”四个大时段。

每个时段的人员配置、顾客形态、主力商品等重点都不同，为了善用时间资源，所以分割出四块消费族群。

上班午餐族	逛街贵妇族	下班闲晃族	有缘来客族
开店后到下午 2 点午间人流结束	下午 2 点到 5 点午茶逛街人潮	下午 5 点到 7 点下班人流结束	下午 8 点到关店结束
在附近上班	住宅家户人潮、习惯性逛街购买、高单价 VIP 或服务型熟客	商圈逛街人潮、通勤族	商圈逛街人潮情侣或目的性购买
同质、群聚性高	同质、单独逛街机会高	不同属性、单独逛街机会高	不同属性、临时客
喜欢特价优惠、快速理单特质	要深入恳谈、需要熟悉度、VIP 独家、高门槛消费	喜欢时尚、新颖、限时特价优惠	要快速找到需求、新颖、时尚、期待产品有独特性

当销售开始有时间切割，并且有销售重点，就更可以以不同的销售技巧，达到销售的目标。

你会小心地计划工作行程，并且把有限精力和时间运用在每小时的业绩产出上。也会开始有积极动力，接触一切和促成与业绩目标有关的人、事、物。

担任销售人员，就要让自己的第一笔订单来得越快越好，因为这是建立自信的方式。

我一直鼓励销售同人，要能够赚钱，才会想要赚更多钱，当“金钱脑”开始动了，许多完成业绩的方法自然出炉。金钱的入账，将成为提升自己的动力，并开始以专业和服务的独特性，锁定主顾客，建立顾客忠诚度，业绩一旦深耕，你做业绩的方法自然和其他销售同人开始有区别。

设定梦想目标

有了经济基础，甚至行有余力，我要你开始设定你想要的日子。

我的说法是，请你预想未来一个你想要的生活方式。

我碰到过许多超级销售人员，包括汽车、房屋中介、健康食品、家用电器等各种行业的，他们的共同点是，会预想美好的未来，并且放在心里，成为他们工作的动力。

也许你想要买更大的房子，让家人可以住在一起；也许你想要赶快把房屋贷款还清；也许你终于可以筹得去欧洲游玩的旅费；也许，你可以偶尔去感受一下百货公司“血拼”的快乐感觉……这是你的钱，你赚的钱，每一个花费都是这么扎实，让你感受到生命的存在。你觉得生命操之在己，你觉得生活由自己安排，因此你要当销售人员，而且要当超级销售人员。

我在 2012 年～2013 年担任商周学院超业讲堂的客座来宾时，认识一位难得聊得来的好朋友：富邦人寿业务经理杨美娟。美娟入寿险这一行 16 年，连续 13 年蝉联富邦人寿业务年度第一名荣耀，并以最短时间拿到寿险国际龙奖 IDA 的首届终身会员、美国百万圆桌会议MDRT的终身会员。美娟的人生已经“行有余力”，因此她设定每年捐100万元台币做慈善公益活动。现在的她公益脚步已经深入大陆。

我也相当喜欢博恩·崔西（Brian Tracy）的业务书籍和文章。那是我激励自己的方法。在《超级业务员都是这样想的》（*Be a Sales Superstar*）一书中提到，顶端10%的销售人员总是乐观的，并且对成功抱有高度期望，因此总是野心勃勃。拥有野心，设立目标，培养勇气，对销售人员相当重要。销售人员必须通过“自我积极对话”，把销售这条路走得端正，又有自信。

本章重点

培养业绩自信

1. 设定目标：决定自己要赚多少钱，享受金钱肯定与荣耀。因此必须设立清楚的目标，来决定自己的动力。

2. 时间管理：将时间切割成日、周、月、季四个单位之后，再把“每日”割成不同大时段。可以依据你的产业自行定义。时段切割后，再予以人员配置、了解顾客形态、设定主力商品。

3. 预想未来：请你预想未来，这是你想要的生活方式。因此让自己的第一笔订单来得越快越好，因为这是建立自信的最快方法，当“金钱脑”开始动了，各种完成业绩的方法自然出炉。

Chapter 6

赢得陌生客好感度

我判断一个销售人员是否有经验、是否能通过聆听了解我的需求、是否真诚地为我服务，都来自销售人员的“眼神”。

你相信外表的优势吗？

《区域经济学家》杂志（*The Regional Economics*）在2005年4月号，发表了一篇论文《工资与外表间的关联》，说明一个人的薪资收入，和外表长相大有关系，报告中提出，长相美的人比长相丑的人，薪水多增加14%。

如果你对希腊少年雕像的故事记忆犹新，那么，我们都无法否定在初次见面时，每个人都会根据以往的记忆和经验，在两秒钟内进行判断。如果你认同这个故事所带来的思考，那么，我相信你应该能够接受，平常就要打理自己的外表，让自己在这两秒钟，有一个脱颖而出的好印象，为之后双方关系打下良好基础。

因此，我希望你能管理自己的外表。我并不要求女人美如维纳斯，男人精壮如宙斯，但是，请你不要拒绝对自己外表的呈现。记住，两秒钟的关键，特别是在重要的业务会谈中，会决定你的业务命运。

360度待机动作

两秒钟的秒杀力，不能等你看到顾客才开始，你必须随时提醒自己，销售人员必须随时随地、每时每刻地展现自信与专业。

待机，代表的是随时准备好，不论是否在谈业务，面对顾客，随时都要有上场、且被检视的准备，因此是“我们看到顾客之前”的所有准备。

■ 微笑

我深信微笑的力量，我一直对“微笑可以减少人与人的距离感，增加对方对我的好感度”这个想法深信不疑。撇开我个人喜好，我有几个鼓励你随时保持微笑的理由。

首先，人类对于微笑的脸部表情有好感。因为微笑会催发快乐多酚，进而产生好感度。展现微笑，展现出打从心里的微笑，好感度指数会立刻爆表。例如，依照行销公司的统计，微笑、孩童，是创造好感度最高的元素。因此，要让人喜爱的第一原则，不论男人还是女人，只要是人类，微笑是最好的答案。

其次，微笑会让你的脸部表情相对放松。当我们皱眉的时候，脸部会牵动62条神经，这些神经线的牵动，对脸部肌肉容易造成负担。但是当你微笑时，只会牵动脸部26条神经，脸部肌肉几乎是处于放松状况，当然对于健康也有相对帮助。

最后，微笑让我们更有亲和力。当年龄逐渐增长，脸部的法令纹以及皱眉纹——我们称之为静态纹——会最先出现在你的脸上。所谓静态纹就是当你没有做任何表情时，它们还是在你的脸上有明显的刻痕。你以为你没有表情，但其实我们看到的你，是皱着眉头的严肃画面。因此，我都建议年纪超过40岁的读者，随时保持微笑，如此你可以把法令纹藏在两颊肌肉，让你不会有距离感，而且微笑最大的附加价值是：你甚至会看起来更年轻。

在我担任教育训练主管时了解到，要让销售人员随时保持微笑，竟然是一件如此困难的事，他们共同的理由就是：做销售的工作压力很大，加上主管会盯业绩，同时公司要一个人做两个人的工作，不但要做业绩，还要在门市进行环境清洁管理，杂事太多，“我实在找不出微笑的理由”，曾经有人当着我的面这样告诉我。

说这句话的人，我实在不知道他到底了不了解，他在从事一项跟人有高度相关的工作。当一位销售人员无法展现人类最好的亲近表情——微笑，那么我不知道他要怎么开始经营他的事业。

为了帮助更多销售人员了解如何表现微笑，在此，我界定出三种微笑，推荐给你做参考。

所有销售人员，不论手边正在忙什么，只要意识到自己正在上班，从事销售工作，就要展现“一号微笑”。“一号微笑”让人看到你时，都觉得你处于气定神闲、自信专业、从容以对的状况。由于你无法知道什么时候、什么地点顾客会突然出现，那么，就保持这个微笑吧，请记住，我们必须保持微笑状态，因为是顾客先看到我们，并且在我们不注意时，就开始评比服务分数了。记得两秒钟的威力吗？

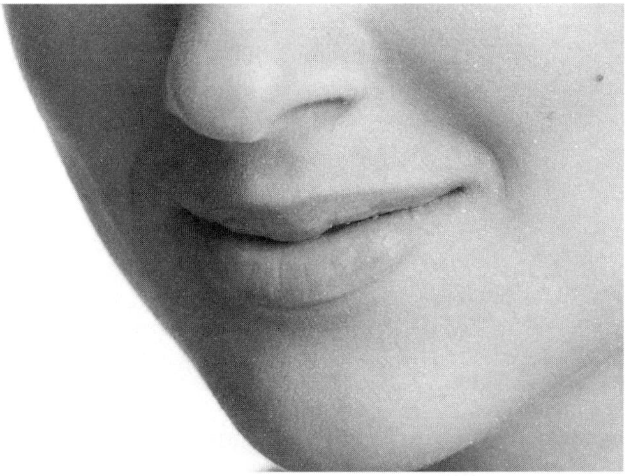

“一号微笑”：两边嘴角压住，嘴形呈圆弧形，两颊拱起。
使用时机：任何时候。
使用对象：任何顾客。

让“一号微笑”成为你的习惯。从现在开始，不论手边忙什么事，或者只看资料或报表，记住，不管你正在做什么或没有在做什么，都露出“一号微笑”。

“二号微笑”是与顾客开始互动的微笑。

销售人员只要眼神与顾客对上，就必须立刻做出“二号微笑”。

与顾客眼神的交会，代表的销售意义是：“您好！欢迎您的光临。”“您请稍候，我立刻为您服务！”“有什么困难需要我特别协助吗？”“二号微笑”展现更多欢迎的气氛和情绪，因为接下来你就要走向顾客，询问他的需求，或者，开始跟他寒暄对谈。

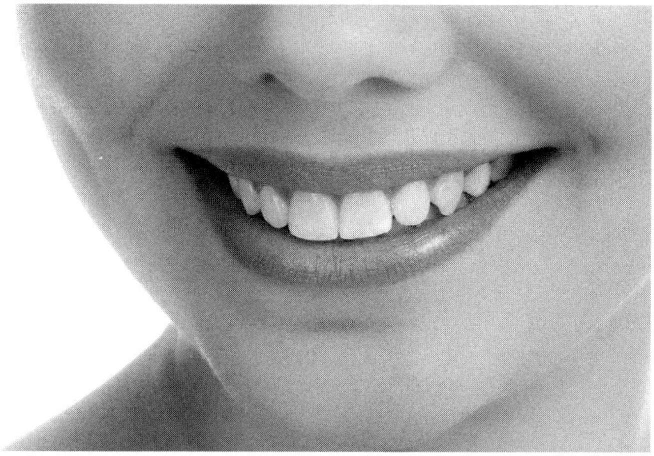

“二号微笑”：两边嘴角压住，嘴形呈圆弧形，两颊拱起，露出以上门牙为主的那一排牙齿。
使用时机：顾客招呼、顾客咨询。
使用对象：询问客、购买客。

“三号微笑”表现出更多的情感，当看到熟悉的主顾客，或看到特别需要建立关系的顾客时，就需展现此种能量较高的

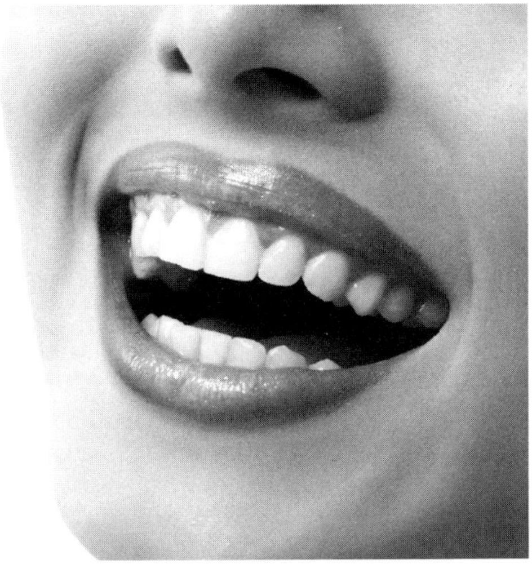

“三号微笑”：两边嘴角压住，嘴形呈圆弧形。两颊拱起，露出上下两排牙齿，把嘴巴张开。
使用时机：看到主顾客时。
使用对象：需特别建立关系的顾客。

笑容，因为这种微笑的感染性高，较容易建立人与人之间的亲近感。

微笑是一个发自内心的动作，真诚的微笑的确在销售人员身上不易见到，当微笑被量化后，或许可以实际帮你，让你随时检验自己：出发前是否随时拥有“一号微笑”；看到顾客第一眼时，是否展现“二号微笑”；与对方聊到真诚开心处，能够散发“三号微笑”，让顾客留下深刻印象。

同时，你也会发现，要真的做到三个等级的微笑，并不如想象中容易，因为，唯有真诚的喜欢、真心的感受，才能展现出这三种不同能量的笑容。

眼神

你敢直接看着顾客的眼睛说话吗？不要回答得太快，我见到许多有企图心的年轻人，一遇到年纪较长、企业地位较高、有高消费潜力的高资产顾客，在还没有和顾客交谈前，眼神就透露出害怕与生涩，他们的担心全写在眼睛里。只要看这些销售人员一眼，我心里就有谱了，我知道，我可以凌驾他们，拿到我要的最低价，拿到我要的最优惠，在接下来的业务对话上，我应该是个赢家。

我常常说，销售工作是个挑战毅力、意志力、耐挫力的工作。为了不在第一次的眼神交会中吃败仗，以下，我对销售人员有两个眼神运用建议：

1. 四目交会

让你的眼神直接迎上顾客的眼神，不要害怕，请柔和地迎向顾客的目光，停留一至二秒，脸上同时要挂着微笑，让自己禁得起顾客对你的检验。一开始你会感觉有点不自在，甚至有点害怕，但是请撑着点，通过与对方的交谈，让眼神进行自然的移动。但如果需要专注于双方对话时，务必再将目光集中于对方的双眼。

四目交会时，可以透露出你当下的态度、情绪，以及没有说出的想法。

学着控制、训练自己的眼神，将会为你取得赢家姿态。

2. 视线角度

台湾近一两年的餐饮服务，有一个细微的变化，不知道你有没有发现。

点餐人员在顾客看完菜单进行点菜时，他是蹲在你旁边的。由于点餐人员采取蹲着的姿势，因此身体角度和顾客一样，视线也和顾客平行，顾客不需要长时间抬头仰视，让顾客的脖子不再酸痛。更进一步，由于服务人员刻意展现亲近，因此在点菜时，可以无压力地进行菜色推荐，并且和顾客随意聊聊，建立客情关系。这一个细微的动作，在王品集团旗下的餐饮品牌、永丰余集团的齐民养身火锅等实体店面，都可以感受到。

光是这细微的视线角度，让销售变成一种亲近，更大的意义是，你透露一个讯息："我是你的朋友，你可信任我。"因此更有空间让你施展专业，从容地展现自信，凸显自我的价值，你会更喜欢你的工作。

■ 站姿

销售工作跟站姿有何关系？如果你还记得两秒钟的杀伤力，顾客对你的第一印象中就来自站姿，站姿可以展现自信、个性、想法、期待、害怕、恐惧、不耐烦等许多讯息。标准的站姿规格如下：

· 双肩齐高

· 挺胸

· 缩腹

销售人员的标准站姿

· 收下巴

· 保持“一号微笑”

我的一位女性朋友，年过 30 了，身材纤细，长相甜美，但因埋首于工作，跟交往了 11 年的男友，长年一个在台北一个在高雄，终于，男生耐不住寂寞，决定分手。伤心之余的她，开始认真考虑在台北买房，最后决定在中正区接近师大附近，买一间靠近捷运的小套房。

附近有一家名不见经传的房屋中介公司，她一踏进去，一位留着山羊胡的资深销售人员给了她一百分的微笑，且展现得无比亲切和专业，第二次看完房子后，她跟销售人员说：“我应该会买了。”说完她还想跟这位销售人员聊一聊时，发现他的右脚脚尖突然轻轻地转到门口方向，交谈中还偶尔用脚尖轻敲地面。站的姿势也从两脚站立转变成三七步，因为站姿改变，所以肩线也产生变化，突然侧了一个角度，失去了精神和专注。

她回来后告诉我这件事，并且现场示范了山羊胡男的姿势，我直接建议她：“先不要急着买，因为销售员急着成交，并且我打赌，你的房子可以争取到更多优惠，价钱绝对可以再降。”朋友听了我的话，用个软性理由，表示想要再看看其他的选择。

因为这位销售人员在我朋友表示想购买时，用脚尖透露了他的不耐烦，以及想要离开现场的服务态度，“不真诚”三个字完全写在脚尖上。肢体，泄露了他的秘密。

我的朋友最后再把价钱砍了 30 万元，我也因此赚到一顿 101 大楼的顶级晚餐。

服装仪容

我很惊讶地发现，许多销售人员不修边幅。而我更惊讶的是，大部分新手销售人员不清楚如何穿才能表现自信，进而展现个人特色。

为什么在此处提到服装仪容，因为**它是“个人品牌力”的展现**。我们都希望被顾客指定服务，而如何让顾客有良好的“第一印象”，进而有“深刻印象”，就要靠服装仪容。

如何穿着当然与行业有关。但是，也有一贯的原则，只要掌握这些原则，绝对可以呈现最完美的自己。

我的基本建议：

·**材质**：最外层的衣服如外套，以硬挺材质为主，内搭的衬衫可辅以丝质、棉质等。但请不要穿百分之百棉质的衣服，因为这类衣服服帖度高，会过度凸显你的身体曲线，对看着你说话的顾客，常常会显得尴尬。

·**颜色**：为展现理性与专业，建议以黑色、灰色、白色为主色系。衬衫或配件则可搭配能凸显行业特色，或个人特色的其他色彩，我推荐以宝蓝色、蓝紫色、正红色、东方绿四种颜色做搭配色，这四个色系较能表现沉稳、大气、专业。

·**亮度**：请不要选择有反光效果的衣物，也请避免亮片、铆钉、虹光等装饰品。

·**衣服尺寸**：在试穿最外层的外套时，请把两只手臂交叉抱在胸前，如果腋下不会感觉紧绷，就是适宜尺寸。如果预算

销售人员的正装建议

有限，我建议把主要预算放在外套，以展现合宜的质感。

男性服装仪容建议：

· 上衣衬衫、毛衣、背心、西装外套、领带、皮带。

· 下身西装裤、可穿到小腿肚的袜子、皮鞋（绑鞋带或使用魔鬼胶等类型固定均可）。

· 男性脸上避免刘海，请务必露出眉毛部位，以看到你的眼神。刮胡子建议使用手动刮胡刀，将残余胡楂剃除干净。脸上保持干净、清爽。

女性服装仪容建议：

· 上衣衬衫、毛衣、背心、合身硬挺材质外套。请避免穿蕾丝、半透明、胸口过低的衣物。

· 下身及膝裙、合宜的长裤。黑色或肤色丝袜（着裙），丝袜请勿破损、鞋子不要露出脚趾或脚跟，不要穿平底鞋，也请不要穿内搭裤。

· 女性请着淡妆，最关键的妆容是眼妆、唇妆两大妆彩。刘海请不要盖过眉毛，让顾客看到你的眼神。绑头发者请不要有须发，不要过度染发，不要将头发打太薄。指甲油不要花哨，不建议做指甲彩绘。不要有过多饰品，简单的贴耳式耳环即可，脖子仅佩戴一条坠子、不超过大拇指大小的项链，两手手腕仅一只手戴手环。

· 务必呈现优雅、庄重、干净、清爽。

本章最主要的意义在于，销售来自于你还没有察觉顾客时，顾客的眼光已经落在你身上，并且在你还没有留意的时候，已经开始对你的外表、服装、仪容、仪态开始有所评价。而这些打量，将直接或间接影响你的销售，一切的一切，都来自于你还没有留意时。因此，准备好，让一切水到渠成，自然呈现，赢得顾客的第一眼好感度，那么，你已经拿到了超级销售人员的入门票了。

本章重点

赢得陌生客好感度

微笑：一至三号三个等级的微笑，让自己的眼神、嘴部笑容，可以根据和顾客的互动适时调整，并让迎接顾客的热情感受更有层次。

眼神：与顾客的四目交会、视线角度，将让你和对方的两秒钟接触，立刻传达你的自信、专业、态度。

站姿：双肩齐高、挺胸、缩腹、收下巴、“一号微笑”五个站姿元素，将让你展现精神和活力，也透露出你的销售企图。

服装仪容：服装的展现，必须能符合甚至超越顾客的期待，这是专业和第一眼印象的关键。

Chapter 7

预想破冰话语

破冰话语必须先设计，且事先演练，让自己的肢体语言、微表情都配合话语的运用。我曾看过使用破冰话语的销售人员，但是他音调没有热情，表情也不够认同，反而适得其反，让人觉得是骚扰。

销售做久了、教课久了，我承认，我是一个防卫心很重的消费者，要打动我，不是一件容易的事。但是，我也有破功的时候，就在这一两天，我罕见地和一位银行的理财专员攀谈，也跟一位素未谋面的房屋中介一起看房子，他们的破冰方式值得为这一章做引子。

直捣客户需求的破冰

我走到房屋中介张贴的海报前不知第几次了，只要我一驻足，销售员立刻冲出来，拿着名片做自我介绍，并且问我需要看什么房子。我其实并没有积极想买房，虽然家里四口人，三个房间，总觉得少了个书房，但看了两三年，一直没找到低总价、低公设、近捷运、生活机能好、邻居优、未来好脱手的“理想房”，于是，我想也许用少少的钱投资套房，当房东，是不错的考虑。

陈先生从办公室走出来，他看起来很专业，形象端庄、制服笔挺，“好像”很有经验的样子。他一出手，拿了一张DM，上面印着他的名字和联络电话。他看到我的眼神落在套房的海报，一开始就说：“您现在看到的是CP值最高，我们主推的房屋。”接着缓缓地说，“买房，现在房价高，但是房子毕竟是资产，买了，当个房东，总是个保障。”他注视我一眼，“这个房子已经三十多年，但是内部装潢合理，同时里面有房客居住，你连房客都不用找了，现成的房东，让你多添一个身份。”我忍不住多问了几句，然后在没有悬念下，我就被带去看房了。

后来聊起，陈先生说，他已经仔细观察我一阵子了，才走出办公室。他通过敏锐的观察力，预想和我的破冰话术，经过缜密的思考，让我几乎无招架之力。

理财专员黄小姐看到我坐在贵宾理财中心的沙发，主动关心我。我说，我正在等我的理财专员，而她还要一个小时才能服务我。其实，我正犹豫要不要继续等，以及，到底要不要趁着兴致高，购买一档欧洲债券基金。黄小姐静静地听我说话，突然把眼神落在我手上的DM，带着“二号笑容”，问我是否“较考虑保本但是可以长期稳定获利的产品”。我吓一跳，没想到她精准地说出我的需求。

“你怎么知道？”我实在忍不住，她，是会算命吗？

她带着“二号笑容”，缓缓地说：“我看到您在看债券的投资，同时又是缓慢复苏的欧元区，我想，”她简直在吊我的胃口，“您应该对投资风险的承受力较低，但又希望资金能够加以运用，所以我才大胆地询问您。”又是浅浅的专业微笑，眼镜底下的双眼，有种穿透人的销售力道。

我在理财专区坐了三小时，对于她的推荐几乎无力抵抗。

以上两个故事讲述了业务和顾客如何开始互动，但破冰成功的例子其实并不多见。

“破冰”是销售人员最难突破的，不外乎几个原因：

1. 自我退却不少

销售人员觉得自己口才不好，不知道要和对方说什么，因此，对于和陌生顾客的接触，往往显得生硬，且不自然。

2. 怕被拒绝

没有人喜欢被拒绝，被拒绝之后，很多人不知道如何给自己台阶下，以及面对顾客投来的厌恶眼神。

3. 缺乏题材

不知道和顾客聊什么，许多销售人员和对方聊了天气、时事，然后，就聊不下去。“冷场”令人望而生畏。

4. 太过性急

由于业绩压力，许多销售人员其实不想和顾客聊太多，他们想直捣黄龙，谈产品、谈性能、谈价格，总之，就是，要不要买一句话啦。

5. 找不到切入点

当顾客投入在选购的乐趣时，在不便打扰的情况下，销售人员眼巴巴地看着顾客左顾右盼，又是试擦又是闻香，拿着文件看了又看，翻了又翻，等呀等，等不到什么时候该说话，等，等，等到客人都走了，还是不知道该说什么。

6. 缺乏自信

我碰到过少数销售人员，他们自认长得不讨喜，因此不敢接近顾客。有人觉得自己脸上长了痘，因此不敢接近客人；有人觉得自己戴着牙套，因此不敢接近客人；有人觉得一身制服不舒服，穿得太紧，因此不想要被顾客看；有人觉得自己有口气问题，因此不敢让对方闻到。

不论你是否经历过上述困境，有两大破冰方法，屡试不爽，让你即学即用。

先运用观察力

注意微表情

“观察力”是区分超级销售人员和普通销售人员的关键。

有些人对“人”是不敏感的，他无法确定自己是否感觉对方的快乐、疑惑、愤怒等情绪，对方脸部的“微表情”（micro expressing）对他而言，没有区别度。

要增加对微表情的敏感度，我建议先看书，市面上有非常多教你如何辨识对方状态的书，比如《FBI 教你读心术》等，会告诉你辨别微表情的脸部关键线条。

在运用上，我会特别留意对方眼角、眉头、嘴角的线条。只要顾客眉头放松、眼角不下垂、嘴角微上扬，对我而言就是一个“感兴趣”的信号，我会立刻介入他的“探索过程”，并开始使用破冰话术。

话术部分我们后面再谈。

找寻眼神落点

眼神会流露出顾客目前的心思，实体店面销售人员会发现，顾客一到陌生店面，会以水平视线左右扫视一遍，找到产品或找到方向后，眼睛会定住，然后身体会朝定位点走去。

眼睛是顾客的购买雷达，眼睛落点会告诉你他们的心思。当顾客走到购买区域，会开始看架上产品，因此产品的颜色、分类是顾客搜寻的重要指引。

当顾客有兴趣于某几个产品，他们的眼神会来回搜寻、来回观看，先是看瓶身文字，再看产品说明。

如果顾客伸出手碰触某个商品、某张DM或说明文件，就是强大的购买信号，这时，破冰介入点来了！

好奇心破冰语句

直接对顾客说明某个产品的特色，记住，要说明这个产品与其他商品最不一样的地方，不要只是聊聊这个产品的基本功能。在说明的时候，请以三句或四句话，就让顾客有当头棒喝的感受，不要让对方过于犹豫。

我们称此种破冰话术为**好奇心破冰语句（hook sentence）**。

我举个例子。

在撰写产品说明书的时候，除了写产品规格、功能、成分、使用方式外，还会设计三四句话：

“这瓶美白精华液特别针对长期使用美白没有效果的人，它可以在肌肤内部抗发炎、肌肤外部让黑色素反转。”

“如果抗老可以从你的基因开始，保养从根本做起，你要不要试试看？”

“一个经典产品之所以为经典，是因为经过岁月、顾客，及生产者的考验，一个被考验过的产品，一定有它的原因。”

“这是我们CP值最高的产品！不代表它最便宜，而是它的功效最多，一瓶抵万瓶。”

“您拿的这瓶粉红色保湿精华，是市面上最多玻尿酸的产品，您可以试擦看看，保湿的感觉会持续到您用完晚餐之后。”

还有其他产业的好奇心破冰话术，也可以试试：

“这瓶干邑以传统木桶淬炼，在低温下躺了三十多年，有国王等级的尊贵身份。”

“这只表是我们的经典款，一百年来只调过三次秒针。”

“安全是我们的基本要求，您看车头的 LOGO，斜线代表的就是安全带，因为安全带就是我们发明的。”

“如果您想要看一款耐用、有基本功能，但不要太过花哨的手机，那么就是它了。”

好奇心破冰语句必须先设计，且事先演练，让自己的肢体语言、微表情都配合话语的运用。我曾看过使用好奇心破冰话语的销售人员，但是他音调没有热情，表情也不够认同，反而适得其反，让人觉得是骚扰。

与顾客闲聊

最近两三年，与顾客闲聊又被大量运用。星巴克（Starbucks）即鼓励员工和顾客闲聊。最大效用就是表达对顾客的友善，是接续“您好！欢迎光临”，确认顾客需求之后的闲聊话语。必须根据顾客的状况、当时的服务环境，让现场人员自由发挥。闲聊可以让传统的生硬欢迎词变得人性化，并且凸显销售人员的个人特质，让接下的销售，产生“指定人员”的效果。

闲聊内容包括：

“您提了好多东西，要不要先坐下来喘口气，东西可以放这里。”

“您看起来特别有精神，平常有运动的习惯吗？”

“要过年了，有机会要到哪里走走吗？”

“我看您在流汗，要不要擦擦汗？”

“这个牌子的提包不错，很耐用！”

“小朋友好可爱，几岁了？”

“想要喝点水吗？我看外面天气很热。”

“我帮您看个车，您不要担心停车的问题。”

当服务人员和顾客闲聊时，必须表现自然且自在，让顾客感觉有位体贴的家人，让购物没有压力，反而充满温馨、亲切、自在的氛围。和顾客闲聊最多使用一两句即可，并且由外场人员运用。太多的闲聊话语会让顾客不自在，觉得是打扰，甚至觉得太刻意。

判断顾客类型

你相信将顾客分类，有助于你与顾客接触吗？以前我是抱持怀疑态度，原因很简单：人有很多类型，怎么可能单纯地分成三四类？而针对不同类型的顾客，又是一大堆的语句，让人眼花缭乱，在销售现场，谁记得哪一种类型？

但经过几年磨炼，我发现，学会粗略判断顾客类型，至少让我“不踩地雷”，且让我在面对陌生顾客时，更快有“好人缘”，光这个好处，就足以让你继续看下去了。

关于顾客类型的判断，市面上多是使用DISC人际风格特质分析，或PDP性格测试系统（Professional Dynamitic Program，PDP性格测试系统），然后再衍生出破冰或销售话术。但我推荐来自法国、根基于马斯洛（A. Maslow）的“需求理论”及人格特质分析，目前零售业者大量使用的SONCAS顾客类型（Security、One-Upmanship、Novelty、Comfort、Assessment、Sympathy）。

SONCAS依照顾客的不同购买动机，将顾客分为六大类型。根据我的实证使用，相较于前两种系统（DISC & PDP），SONCAS **不需要看到顾客本人**，仅是通过电话交谈，只要仔细聆听注意关键字，就能抓住顾客的脾胃。

1. 讲究安全感（Security）

顾客在购买行为上，追求安全感，他喜欢大品牌、大公司、朋友推荐。在购买上有惯性，对于“买东西”这件事，很怕做错决定。这类顾客非常依赖有专业、有经验，甚至敢帮顾客做保证的销售人员。成交关键，就是展现专业，和顾客建立关系。你必须和产品做挂钩，如果顾客有任何问题，你就拍胸脯保证吧，他是看人才决定是否埋单。

你会听到顾客说：“真的吗？你确定？”“我之前都没有……”“有问题我都找你哦，你敢负责？”

成交关键词：“你放心，我跟你保证。”

2. 高人一等（One-Upmanship）

顾客希望买到的是一种肯定、一种高人一等的优越感。这种顾客善于和人互动、交谈，他很喜欢展现自己在某一方面的品位或研究，并且很明显地让你知道。

他自认为优秀，即使你很专业，但是他比你还专业。他期望在你身上寻找“个人舞台”，记住，你要让他发光发热。

你会听到顾客说：“以前的款式都是……”“这个我之前试过”“这方面我是专家……”

成交关键词：“你真是我看过最有……的人。”

3. 爱新奇（Novelty）

“最新款”“新推出”“还没有上市”绝对是这类顾客的销售开关。他们是购买的“前期使用者”（early adaptor），总是在寻找新的想法、新的概念、新的技术。他想要知道最近业界怎么了、有什么新事物、有什么新的趋势。这类顾客，肯定会在某个类别产品是精研的达人，最常观察到的就是手机产业、3C 产品、美妆、汽车、动漫画、电视电影、服饰皮件等。

你会听到顾客说：“×× 有最新款吗？”“我在国外看到已经出 ×× 款了，你的店里面有吗？”

成交关键词：“我有最新的……，你有兴趣吗？”

4. 找舒适（Comfort）

顾客想要简单、实用、快速，买的东西不要太麻烦，说明书内容不要太多，最好这个产品不要让他有全然陌生感，要让他有熟悉感，并且觉得舒服和自在。

购买后，他喜欢所有东西都帮他设定好，他只要一个开关，就可以让这个产品自动动作。他也不喜欢销售人员太啰唆，卖东西给他时，说明的方式要简单、快速，他不喜欢麻烦。

你会听到顾客说：“有三合一的产品吗？”“我看不懂这些说明，到底要怎么用？”

成交关键词：“很简单，很容易上手的。”

5. 精打细算（Assessment）

顾客一开始就告诉你，他预算不多，甚至直接告诉你底线是多少，要你自己看着办。他要砍你价钱的理由很多，包括买这东西（系统）有多复杂，牵扯的事情很多，很多隐藏成本。他总是谈价钱，很怕多花钱。这种顾客是很多销售人员的痛，他砍价的功力比你高，且招招都往骨头砍，不但要见你的骨，还要流干你的血。但是，这种顾客不是不能花钱买高单价产品，他只是怕吃亏。

你会听到顾客说：“这价钱？你在开我玩笑？”“这价钱我买不下去！”“直接把底价秀出来，不要浪费我时间！”

成交关键词：“我给你一个省钱、不吃亏的方法，你想知道吗？”

6. 有善意（Sympathy）

顾客对人很有善意，他喜欢给人机会，喜欢帮助别人，甚至诚心相信人。他对于买什么东西其实没有特别的想法或逻辑，纯粹是凭个人感觉而决定。他会想和你建立销售以外的关系，并且以关系的建立，来决定是否购买，或者回购。

你会碰到他顺便来看你一下，跟你寒暄，甚至把你的店面设定为他的逛街必经路线，他会问你的婚姻、家庭、人生方向、升迁可能。他会主动帮你介绍顾客，甚至会帮你成交。

你会听到顾客说：“你做这个工作累不累？”“好啦！都可以！随便！”“你真是个很努力的年轻人！”

成交关键词：“你让我觉得很温暖。”

本章重点

预想破冰话术

两大方法，提升你的破冰技巧，即学即用：

一、先运用观察力

1. 注意微表情：留心观察顾客的眼角、眉头、嘴角的线条，它们将组成顾客的心理状况，并且让你看到“感兴趣”的购买信号。

2. 找寻眼神落点：顾客的眼神落点是更为强烈的购买信号，通常也是你开始介入破冰语句的关键。

3. 好奇心破冰语句：对顾客说明产品的特色，与其他商品最不一样的地方，让顾客有当头棒喝的感受，不要让对方过于犹豫。

4. 与顾客闲聊：表达对顾客的友善，与顾客闲聊，根据顾客的状况，让现场人员自由发挥。

二、判断顾客类型

1. 讲究安全感：顾客追求安全感，他喜欢大品牌、大公司、朋友推荐。在购买上有惯性，对于“买东西”这件事，很怕做错决定。

2. 高人一等：顾客希望买到一种肯定、高人一等的优越感，他很喜欢展现自己在某一方面的品位或研究。

3. 爱新奇：总寻找新想法、新概念、新技术。他在某个类别产品是精研的专家。

4. 找舒适：追求简单、实用、快速，对购买东西的理解或使用，希望不要太麻烦。

5. 精打细算：他总是谈价钱，很怕多花钱。这类顾客怕吃亏。

6. 有善意：对人很有善意，喜欢给人机会，喜欢帮助别人。他想和你建立销售以外的关系。

Step 3

销售肉搏战

取得信任

聆听，是所有能力的关键。

让顾客不断地说，而我们听，听到顾客资料，也听到商机，好的聆听让你抓到顾客的心和成交契机。

接着，要会问问题，所以要训练提问力，通过基础和探索两大问题，让你和顾客建立互信。

关键时刻到了，通过“产品地图”，快速找到顾客需要的核心产品，业绩，就在这个“产品地图”里。

Chapter 8

培养聆听力

聆听，就是希望让对方多说，让你可以拥有更多资讯，最大重点是，你必须回应对方的话，引导对方继续多说，请展现你的同理心。

给我一个理由，为什么我要跟你买东西?

是的，请你回答我这个问题。也请你 10 秒内给我一个可以说服你自己的答案。

不必多想，请让这个答案脱口而出。

如果你的答案是：“跟我买东西价格最便宜，也最划算！”那么，很抱歉，我必须说，你可以把销售当工作，但是，要成为一位杰出的超级销售人员，你还需要更多改变，因为，降价或折扣是全世界销售人员都在做的事，你要想脱颖而出，就得学新的技巧，或摆脱旧观念。

我之前服务过欧莱雅集团，旗下有十几个品牌，包括法国经典的兰蔻、碧欧泉、植村秀等。我们几个品牌培训人员曾在一个交流会中，希望研究各品牌销售第一名人员的特质，好让我们可以在短时间内大量复制超级销售人员，提升品牌业绩。

讨论了一个多月，我们很惊讶地发现，这些专柜超级销售人员，都不是侃侃而谈的人，她们不会一开始就推荐商品，而是先听顾客说话，顺着顾客的话聊天，或者，推荐商品。

我私下问这些年收入超过30万元的年轻面孔，为什么不一开始就推荐公司的主力商品或新品，她们的回答都是："我一直说话，其实顾客根本不会理我，可是如果我听顾客说话，让顾客觉得我了解她，这才是最大的力量。"

我记得一位区中的超级销售人员还补充了一句："这样顾客才会指定找我，不是找别人！"9年前的对话，至今仍让我印象深刻。

我长期进行销售课程培训，后来也担任101大楼某品牌旗舰店店长，经过十几年的观察及体悟，且趁着到国外培训期间，比较了日本、韩国、美国、法国、英国等销售人员特色，我非常惊讶地发现，超级销售人员都有共同特色：拥有专注力与聆听能力。

先简单说一说专注力。

"专注力"就是当身为顾客的你向销售人员表达你的想法，

聊你的消费观，谈毫无边际的社会事件或演艺八卦，销售人员都会眼睛注视，全神贯注，精准地回应所有的信息。你可以确认你在销售人员心中是一个重要的客户，你也肯定就算没有成交，销售人员也不会报以轻蔑眼神。他仔细观察你的肢体语言及穿戴细节，仔细琢磨自己的服务动作，确保所有动作到位。在对话中，他推敲你的情绪和话语，谨慎地询问你的需求，并且专业地预测你的困境。他会说出你原本打算说出的话，也会把你的困扰放在他的心里，并且想办法帮你解决。

你在他心中，就是唯一。这就是专注力。

我在许多的销售人员，尤其是零售通路或门市人员眼中，看到飘移的眼神，但是当事人并不自知。和顾客说话，却不时用眼睛扫描四周，嘴巴说想要服务你，但是你问他问题，他老是请你再说一次，或者答得文不对题。或许太急于成交，因此一股劲地把自己想说的话，全部倒给你，根本无暇去思考顾客到底要什么。

要特别说明，专注力并不是要销售人员只接待眼下这位顾客，专注力要展现的是：

1. 对顾客的尊敬。

2. 了解顾客明显需求。

3. 挖出顾客没有说的需求。

4. 创造好感度。

5. 建立更多关系平台。

6. 走向成交结果。

7. 创造更多串联销售的可能。

专注力的关键在“聆听”，因此，我们就好好地谈一谈这个所有销售、服务、管理、职场人脉的核心。

聆听与同理心

“聆听”是立足于职场的基本能力，而不只是销售需要而已。

从一个脚踏车学徒，到后来建立80万人的松下企业，在日本素有“经营之神”之称的松下幸之助，当被问到经营秘诀时，他特别强调，要细心聆听他人的意见。

三星电子集团董事长李健熙先生，在接手副董事长职位时，父亲特别用毛笔写下两个字勉励：聆听。感觉好似简单，但真的要实践，真是难上加难。尤其是销售做久了，长期承受变动和压力，很多人很难静下心来，好好面对眼前这个人，也因此我的许多从事销售工作的学员，都有深深的无奈：“我又不是他肚子里的蛔虫，我怎么知道他到底要什么？又有客人来了，你说我要不要招呼啊？”我相信，了解别人想法、听懂对方到底要什么、培养聆听的耐性，是21世纪销售人员最大的课题。

聆听，并不是单纯的“听见”（Listening is not hearing），聆听要产生有效性，意即对销售和管理有直接帮助，意味着四个特色：

有肢体回应

正在聆听的人，可以很明显地看到他的肢体动作。在研究肢体反应上最有名的，就是美国心理学家艾根（Gerard Egan）①的 SOLER 理论，艾根在研究中说明，这是一种利用微小的肢体语言，让对方愿意对我们侃侃而谈，主动说出更多想法或理念。我加以说明这五个肢体动作：

· **面向对方（Face Squarely）**：和对方肩并肩，呈现 V 型 45 度角，要侧面面向对方，不让彼此感到压力。

· **肢体开放（Opening Gesture）**：展现出开放性的肢体动作，例如两手臂打开，而不是把手臂交叉抱胸，手臂交叉抱胸是非常明显的敌对或防御动作，两手交叉代表你不相信对方的话，甚至在警告对方，你可能随时进行攻击。

· **身体微倾（Leaning Forward）**：在聆听的时候，把上半身微微往对方方向倾斜，这种投入的动作，让对方觉得你在乎他所说的，也让对方认为你对这次对话深感兴趣。

· **眼神接触（Eye Contact）**：双眼适当地注视对方，眼神接触，让顾客可以直接感受到你的投入、专业，甚至带点权威。我的建议是，亚洲人通常比较不习惯眼神的直视，除非要展现很大的情绪支持，例如对方的情绪反应开始变大，哭泣、愤怒等，我建议直视对方眼睛时间二至三秒即可。

---

① 艾根（Gerard Egan）的 SOLER 理论以 SOLER 代表专注的要项，包括：（一）S（面对面，Squarely）；（二）O（开放，Open）：身体姿态开放自然；（三）L（倾斜，Lean）：身体稍向前倾；（四）E（眼睛，Eye）：与当事人目光接触；（五）R（放松，Relaxed）：态度放松。

·肢体放松（Relaxing）： 让自己的肢体和表情处于放松状态，不要急躁，当你放松，顾客自然放松，而更愿意把自己的想法毫无保留地说给你听。

用口语回应

聆听对销售最大的意义是，顾客愿意通过我们的投入而说更多。毋庸讳言，现在顾客的防卫心都很高，尤其更难的是和高资产顾客对话。以我为例，我曾经服务过一位贵妇，在 7 月的夏天，她穿了一件简单的白色 T 恤和我一起喝下午茶。

她一坐下，我发现不得了了，她在那件白色 T 恤上披了一条长窄版的貂皮。我当时心里很纳闷，这么热的天，为何披貂皮？反正我不懂这些华丽的东西，因此，干脆开口问。她告诉我，因为晚上有个晚宴，所以才顺手带着。而且，她说："我老公说，要带点有看头的，免得被媒体拍到，或者人家说我们家媳妇拿不出有样子的行头。"

我长期服务高资产顾客，我的建议是，口语回应一定要是"完整句"，或"同理心话语"，效果最好。最忌讳的，就是在对方说话时，你一直"嗯""喔""咦"，但是没有说出半句完整的词汇，会让人觉得你很敷衍，尤其在电话沟通时，这绝对是大忌，一定要避免。

什么是完整的口语回应，你可以参考几种常用的语句：

"我了解！""我同意！""我能体会！"

"真的吗？这我倒是没有听说过。"

“辛苦了，我知道这不容易。”

“你很用心！”

“你的意思是说？”

“换句话说？”

“你说，××××，这样对吗？”

这些话直接告诉对方你的情绪观察还有对于讯息的复述和确认，让对方认为，我们高度兴趣于他所提供的资讯，并且期待听到更多。

■ 提问

碰到安静的顾客或难以打开心房的顾客，你的策略是什么？拼命一直讲，滔滔不绝地讲？我建议你省省力气，不如提出适当的问题，让对方说得更多。但是，要提出让对方有兴趣的问题、让他打开话匣子，需要提问技巧，当然，通过观察力绝对是重要的开始。

五个引发对方兴趣的提问：

1. 直接说明：对于你所观察或感受到的情绪，直接问对方。例如：“我想，你刚才是想告诉我，投资曾经让你损失惨重？”直接询问的好处是，你可以针对你有兴趣、有疑问的部分，直接请对方提供更多资讯。但是请留意，不要带有情绪，或因此主导整个交谈。

2. 仔细观察：请留意顾客的肢体语言，例如顾客的**视线落点**、通常顾客看哪里，就代表他在意哪里。如果他看着价目表，就代表他在意价格。如果他看着产品，代表他需要更多产品资讯。当人在谈自己时，眼神会放大；谈过去或未来时，眼睛会往上扬；若心意已决时，眼睛会往下定住不动。这些观察点都是运用NLP（神经语言学）的观点，有兴趣的读者，可以自我延伸阅读。

另外，请留意顾客的手，**手指**是大脑思考的延伸。例如把手指放在嘴唇上，即代表要你不要再多说。**手掌**则藏有秘密，当你和顾客说话时，发现他的两个手掌不见了，不是插在口袋，就是两个手掌紧握或者放在身后，这就代表，顾客有话想要说，但“不是现在”。

最后，请注意顾客的**脚尖位置**。脚尖离大脑最远，我们因为少有机会看到自己的脚尖，也因此，我们以为别人也看不见。殊不知，脚尖位置和状况，成为人体最容易泄密的地方之一。当我们和顾客对谈时，如果顾客的脚尖突然微微地移动方向，移动到对着门口的地方，那么我建议你，加快谈话速度，因为顾客“想要立刻离开这个地方”。

当你有了观察力，自然有更多提问能力，如果你发现顾客的肢体讯息，你可以问顾客：“您赶时间吗？”“我想您对价格有较多的考虑，是吗？”

3. 回应情绪：人的声音其实是充满情绪的，当人们有情绪变化，声带及发音位置也会跟着改变。如果你的心思细、耳朵灵，特别留意顾客的声音起伏，并给予“同步回应”，顾客将对你的细心留下深刻的印象。例如，“我发现，我们在讨论你包包的时候，你特别开心，这个包包有特别的故事吗？”

4. 要求更多：直接要求对方在某些部分提供给你更多资讯。这是“直接说明”的延伸版本，使用这个提问，是希望引发对方更多想法，并且明确表达自己对这个主题的喜爱。你可以说：“希望你能多告诉我一些关于基金理财的部分，我可以学习。”

5. 分享自己：把自己的经验和对方交流，最常用的就是“我自己也曾经”，例如：“我自己也曾犹豫要不要花 100 万元买一台车子，毕竟家里的房屋贷款压力也很沉重，但是我后来想到家里的小朋友，我觉得……”

但有个提醒，不要过度使用这个技巧，原因很简单，一旦过度使用，又会陷入自说自话中，而少了提问的美意。

摘要重点的能力

现在，你的顾客正滔滔不绝地说着。你眼神专注，全力聆听，你告诉自己，要听出顾客话中玄机，找到商机，想办法成交。

你会发现，当你用力地聆听，也许还能撑个 10 分钟，脑子记着一些吉光片羽，时间一长，你开始昏头，听了现在忘了前面，终于感觉到专注力的极限。

我教你一个方法，也是我们在传授聆听秘诀时最大的关键，但我必须先提醒，不是每个人经过提点都有完美的效果。关键在于，你要持续不断地练习，有意识地、不断地练习。

1. 抓住涟漪字眼

“涟漪字眼”就是一些模棱两可的字眼或话语，需要进一步解释。我最常听到的涟漪字眼："听起来好像很不错呀"，可以确定，这句话后面还有更多的句子，还没从对方口中说出。或许我们称之为"言外之意"。例如："这东西蛮有趣的"，我们不确定对方是真的觉得有趣，或是一句反讽的话，我建议要接着问："为什么？"

人们使用"涟漪字眼"，绝对有背后的原因，如果你不确定对方的意思，我建议就直接问他们。学着去辨识"涟漪字眼"，并且去揭露顾客不愿意揭露的资讯。例如，你听到这段对话："我觉得这个产品很不错，但是，却没有我喜欢的颜色，除非你尽快调货给我，否则我就先不考虑。"听到这里，你要思考且问自己："顾客真的喜欢这个产品吗？""他是用颜色在测验我们的成交吗？"你要抓住"尽快"这个字眼，并且问："尽快是多快？""有其他因素可以让我交货的压力减小吗？"

2. 用问题做摘要

"摘要能力"是你在聆听对方的同时，试图在他的对话中**找"关键字"**或重点，以回答自己的问题，或者搜集更多的资讯。

在聆听过程中要维持高专注力，最大关键在于，**你必须事先设想问题**，然后通过和顾客的闲聊或交谈，**找到这些问题的答案**。

要设想哪些问题呢？

从顾客的基本资料开始，也就是"情境性问题"，简单地说，就是"这位顾客是谁？"事实上，5W1H 的问题（what，why，where，when，who，how），可以称之为"情境性问题"，每次与新客的对话，我都会在心里问这些基本问题：

· 他是谁？（几岁？哪里人？）和他一起过来的人是谁？

· 他为什么进店里看产品？（买给自己？买给别人？他在意价格？品质？功能？新奇？温暖？方便？）

· 他住在哪里？（公司在哪一区？住在哪一区？）

· 他为什么这时候来逛？他是时间有弹性的顾客吗？

· 他是从事什么职业？职阶呢？

· 如何引起他的兴趣？如何开始破冰谈话？

这些只是“基本问题”，意思是所有销售人员都该有的心灵对话。

但想要成为超级销售人员，只了解这些还不够，还需建构出顾客的“生活形态”，包括他喜欢什么休闲活动？他的穿衣品位？他的生活习惯，是否抽烟？喝酒？打麻将？他的婚姻状况？与家人互动品质？他的人生规划？他的金钱观？他的人际关系等。当你对顾客的生活形态建构得越完整，你对他的消费习惯掌握度越高，在提出产品建议时，越能到位。

本章重点

培养聆听力

销售上的专注力，是为了表达对顾客的尊敬，并且了解顾客需求，创造彼此的好感度，达到销售和建立关系的目的。

1. 聆听的身体回应：两人肩并肩，呈现V型45度角，展现开放的仪态，身体向对方微倾，眼神专注，身体放松。

2. 聆听的口语回应：在听到对方的分享时，要回应，让对方确定你的专注与投入。在回应对方时，请尽量用完整语句回应，不要“嗯嗯、呀呀”，让对方以为你没有聆听。

3. 提问：提问是为了引出对方更多的想法，包括可以说出你所观察的情绪，仔细观察对方的肢体语言、回应对方的情绪、要求对方说更多，以及进行自我分享。

4. 摘要能力：聆听的同时要注意“涟漪字眼”所隐含的意义，找出“关键字”以更深入了解对方状况。

Chapter 9

训练提问力

训练提问力，就是要挖出顾客没有说出来或是他没有想到的，甚至，我们要让他觉得这个需求有急迫性，他得立刻处理。

“问对问题，才能得到对的答案。”耳熟能详的一句话，事实上，经过长期培训发现，超级销售人员提问能力超出一般人，他们使用的次数高、时间多，且提出的问题数量不多，但只要二至三个问题，就能对准顾客需求，且能立刻端出顾客想要的解决方案。

想象你是顾客，走进一家店，对方问了几个问题，然后拿出你需要的东西，你的感觉是什么？

WOW！杰克！这真是太神奇了。

是的，我就是要你的顾客有这种感觉。

先跟你分享一段故事。这是我一位在建筑师事务所担任设计总监好友分享的一段对话。

LuLu 是我的中学同学，功课一直名列前茅，大学考上第一志愿，一所以建筑及室内设计见长的学校。LuLu 在大学时认识了前夫，两人一起到澳大利亚完成硕士学业，LuLu 长期浸淫在设计和美感的世界里，当一般女生还在寻找自我认同时，不到 20 岁的 LuLu，早已找到穿着的品位，晓得什么样的剪裁、颜色、质地和自己最搭。

40 岁的她，人生经过分分合合，有了不同的体悟，她的生命绕了一大圈，最后还是在室内设计的领域落脚。现在她是国内某建筑师事务所的招牌人物。

年度聚会上，她生动地描述了一个展现专业的例子，她说："我用三个问题，解决一个别人眼中的难搞顾客。"

一位高资产顾客，名下登记超过十栋房子，找她设计一栋位于信义区的 300 平方米的房子。夫妻两人正为主卧室的窗帘吵架。

男主人："窗帘颜色要够深，最好是咖啡色、深蓝色，要有贵族的感觉，要沉稳，不要太花哨。房间是需要安静和休息的地方。"

女主人："窗帘颜色要干干净净，最好是浅色，可以考虑粉色系，这样心情会比较轻松。布料的厚度不能太薄，不然光会透进来。"

两个人你一言我一语，吵得不可开交的时候，突然都把目光朝向 LuLu。

“你是专家，”男主人眼带轻蔑地说，“你说说看，窗帘到底是要深色的，还是浅色的？”

LuLu 发现自己得表示意见，为免得罪人，她问了几个问题。

“你们家的地板是深色系，深色窗帘有延伸空间的视觉效果，你们想要房间看起来比较大，还是看起来比较亮？”两个人不约而同地说：“当然是大一点。”

“我是你们的设计师，你们愿意相信我的建议吗？”两个人面面相觑，“当然！”

“如果我选择深色系，但是材质会让颜色显得较不厚重，你们愿意接受我的建议吗？”

夫妻俩没再吭一声，LuLu 的三个问题，找到解决双方需求的方法，而且再次确认在客户心目中的专业地位，取得专家级的发言权和决定权。

专家级，是的，通过这一章，我要让你发挥专家级的提问方式，让你不需多费力气、时间，不但完成业务目标，而且，让顾客不得不听你的。

用基础问题问出顾客所需

当顾客发出购买信号，销售人员会问：“请问在找什么吗？”

如果顾客有强烈购买目的，我们就可以听到答案，但不幸的是，大多数顾客的答案都是："我再看看。"对于这样的回答，许多销售人员都将之当作软拒绝，因此自动退场，然后溜到结账柜台或是后台，自己忙自己的。

比较有业绩意识的，会接着拿出目前公司的主力推荐或是促销商品，然后对顾客进行"推销式"话术，某些顾客会客气地听你说完，有些则根本不管你，自己看自己的，然后顺着门市的行动路线，离开店面了。

看到顾客就这样走出去，很多销售人员觉得自己不过又碰到一个冷漠的顾客，然后感叹现在业绩不好做，自己说得好辛苦，可是客人都不领情。因为一直在说话，说得都累了，久而久之，为了不要那么累，开始挑客，挑那些觉得可能会买的顾客。一旦选定了进攻对象，就使出浑身解数，死缠烂打，经过这样的搏斗如果也没成功，会在客人离开店面的那一刹那，使出一个超级大白眼，生气、无奈全部写在脸上，惨淡的销售数字也跟着挂在脸上，一览无余。

场景如果可以倒带，我建议销售可以这样进行：**"请问是否特别找什么产品吗？"（开场白问句）**一开始还是可以维持你的习惯，以顾客需求开场，毕竟如果顾客已经想好要买什么，的确可以省很大力气，直接拿出他想要的商品。这也是个测水温的问题，如果顾客软性拒绝你，我建议你这样做："没问题，您随意看看，不要有压力，我就在旁边，如果您需要我，只要叫我一下，我马上为您服务。"然后往后跨一步，和顾客保持两个跨步的距离，意思是如果顾客需要你，你只要往前跨一步，不然，就让顾客自在些。

约 15 秒后，请你特别注意顾客的购买信号（之前谈过购买信号，此处不再赘述）。一旦购买信号出现，请你接着问：

“我刚看您特别看了保温瓶，请问是想帮自己买个运动用的保温瓶吗？”（需求推断问句）

请注意，问话有两个重点，一是“我刚看您”代表观察了他，推断他有需求，你才跟他说话，而不是天外飞来一笔，刻意打扰。

如果顾客回答：**“我没有在看保温瓶呀！”**你可以接着回答：“我看您穿了球鞋，然后看到您刚拿起保温瓶特别看了一眼，我才特别问您。”（请抓住谈话机会）“您刚拿起来看的，是我们和法国插画大师合作的瓶身彩绘新品，500 毫升容量，蛮适合有运动习惯的高品位人士使用。”

但，如果顾客回答：**“我的确是在考虑保温瓶，但是要给小孩子用的。”**关键讯息来了！顾客要买保温瓶，而且是给小孩子使用的，需要的产品类别已经确认，而且使用对象也清楚，这时，请你脑海里浮出所有适合小孩使用的保温瓶种类，要全部的品项，一个都不要漏，有关产品的分类，我们会在 Chapter10 做阐述。

接着，请你乘胜追击，请确定他以前的使用习惯，免得你拿出来的产品是他曾经用过或者有状况的。

“您之前一定帮小孩子买过保温瓶，是吧？”（引导性问句）

我很推荐使用“一定”，有很强的引导及暗示作用，在 NLP 里叫作“算命师”话术，它让人觉得被一眼看穿的感觉，就像我们去算命时，算命大师摊开我们的手掌，神秘地对我们说：“你小时候一定曾经被伤害过。”谁小时候没被吓过？每个人多少都有这样的经验，可是当通过提问，我们还是会被强力引导，并开始对问话的这个人产生一种信赖和权威感。

“是呀，我买过！”

“请问您是买我们的牌子吗？”

“不是，我是在市场买菜时，随便买个普通的。”

“那您这次特别看保温瓶，是因为之前使用上有任何问题吗？”

在这里，我要让你的思绪暂停一下。我说明一下这个句子，句子的主要关键在“之前使用上的问题”，我们假设顾客之前使用产品，一定是碰到问题或困难，请你把顾客的使用问题给引出来。这样做的最大意义是，可以精准地掌握顾客真正需求，知道顾客在意的点，因此这个问题的另一个意义是，我们可以解决他以往的问题，并且拿出他真正需要的、唯一的产品。

“保温瓶保温效果不好，而且瓶口有臭味，好像洗不干净！”

“好的，因此您想找一个给小朋友用的保温瓶，控温效果要好，同时要特别注意瓶口卫生的保温瓶，是吗？”这句话的主要目的，就是**复述和确认顾客的需求**。复述和确认的最大意义是，如果我们的总结有错误或遗漏，听的那一方会立刻纠正；如果我们的总结正确，但是顾客“突然”又想到其他部分时，我们都还可以确认我们即将拿出来介绍的产品符合他的所需，或者进行后续串联销售。

基础问题的重点：用几个基本问句，就能找出顾客所需。

用探索性问题挖掘未知区

探索性问题是要挖掘顾客没有意识到，或者没有说出来的想法。假设顾客的需求就像一座冰山，基础性问题就像露出水面的部分，你可以肉眼看到的区域，这是一个不会出错的业务过程，但是我们要你的功力不仅于此，我们要培养超级销售人员，就要往更具挑战性的方向走，就像本书一开始所写的，要做好销售，就必须自我设定目标，往目标冲刺，往难的地方走。

探索性问题，就是要挖出顾客没有说出来，或是他没有想到，甚至，我们要让他觉得这个需求有急迫性，他得立刻处理。

探索性问题一：

探索意思是要运用我们的专业及经验，大胆假设这位顾客在意或需要的功能。如果和顾客的对话中，都没有出现线索或涟漪字眼，就需进行探索工作。

使用探索问题，有助创造串联销售，意思是，原本只买一件商品的顾客，现在至少会多带一件。顾客会在核心商品外，再带一个附属商品，以确保功能完整，或者价值高度发挥。

探索问题，能塑造销售人员的专业形象，你的地位会瞬间提高，但探索性问题必须搭配基础问题，延续上一章的基础问题："您这次特别看保温瓶，是因为之前使用上有任何问题吗？"如果你幸运，顾客会讲出他的想法，那么，就如同上一章所示范，你可以直接使用复述和确认技巧，成交。

但情况有时不如你所愿，或者，你想要更进一步，就可以使用探索性问题："之前买的保温瓶用久了是否会有化学味道从瓶口跑出来？"

"你是否希望保温瓶不只保温，也可以保冰？"

"你是否希望保温瓶不只喝水，也可以让食物保温？"

现在让我来举另一个例子，是有关专柜保养品销售的，这段对话将从打招呼、询问顾客基础问题，一路展开到功能探索性问题。

"您好！欢迎光临！"

"请问有特别找什么商品吗？"

"我先自己看一下。"

"没问题，如果需要我，我就在旁边，您可以随时找到我。"

"我看您刚刚特别在看美白精华液，美白精华液是您自己要用的吗？"

"嗯！我现在的美白精华液快用完了！"

"您之前是使用哪个牌子的美白精华液？"

"不是你们牌子的，是开架式的。"

"今天来看美白精华液，是对之前的产品使用有不满意的地方吗？"

“我总觉得效果不是特别好，脸上的斑还是很明显！”

“您之前使用美白精华液，**是否**有添加保湿的玻尿酸或甘油成分？”（功能探索问题）

“为什么这么问？”

“因为保湿会增加细胞的代谢速度，代谢如果提高，会让新嫩细胞更快移动到肌肤表层，因此黑色素容易被挤出表皮层，而被迫代谢。皮肤自然会比较亮比较透白！”

“您在美白精华液之后，**是否**会接着使用乳液或乳霜呢？”（功能探索问题）

“我偶尔用，现在是夏天，不想涂这些油腻的东西。”

“乳液或乳霜会把前一道精华液锁在肌肤底层，它的功能就像锅盖，盖子盖上，熬煮汤的精华成分都会留在锅子里，因此美白的效果才会更好。”

“看来您想要为自己找一瓶新的美白精华液，希望效果更直接，但是保养品质地要清爽，不要油腻有负担，是吗？”（复述和确认）

通过以上的对话，你感受到什么了呢？

现在你和顾客的互动，已经不是单纯的推销，你正在运用提问的方式，把顾客的需求，不断锁定、再锁定，通过问题的铺陈，一步一步把顾客想要的东西具体成形。提问能力的提升，帮你不只找出顾客要的那瓶商品（美白精华液），你还有机会卖出另一瓶商品（美白乳液或美白乳霜）。

如何？提问力的效果，是否让你惊艳？

使用探索性问题，有两个前提：

· **你必须一开始就和顾客建立关系**，并且双方气氛良好，否则顾客会觉得你的引导非常刻意，会让人产生反感。在此我建议，良好气氛的建立，可以从判断顾客类型开始，试着去了解顾客的沟通频道，避开地雷区，甚至投其所好，就会为探索对谈建立良好的铺陈。

· **功能探索性问题最多问两个即可**，探索问题问太多，会有探人隐私的负面感受。其实，只要两个问题，已经够帮助你找到符合顾客所需的产品。因为在后续的产品说明里，你一样有机会跟顾客聊到其他需求，只是销售过程进行到此，双方信任感还未完全建立，功能探索性问题只是帮你有更多成交机会。

由于探索性问题对于成为超级销售人员具有关键作用，因此，我希望你以自己的实际业务状况，将探索性问题字眼放进去，拟好问句。

探索性问题关键字：是否

探索性问题二：暗示性问题

探索性问题的第二种运用，就是暗示顾客，如果事情不处理，情况会越来越严重。你要让顾客感受到事情的严重性，且牵连的范围很广。这样的提问法，主要是希望减少顾客的决策犹豫，让顾客当下决定，甚至一次购足。

使用暗示问题，另外还有一个目的：希望降低顾客对价格的敏感度。当顾客对于急迫性、重要性、稀有性产生高度需求时，就会降低对价格的比较。特别是顾客面对一个已经摆明可以解决他问题的销售顾问，顾客对于价格的谈判筹码会减少，因为“解决问题”所带来的强烈需求，将让价格谈判失去立足点。

暗示型问题，特别适合高单价商品，例如：一部价格100万元的车子，它所代表的不只是一台车子的制作成本，而是全家三代坐车出游时，带来的欢乐及安全感。我们可以想象，通过问题的引导，刻意让顾客感受到不把车龄5年的车子换掉，将减少全家出游的机会、缩减全家出游的区域、因为空间过小会减少出游兴致，车子老旧代表维修费并不会更省。

以下这个例子，从招呼、基础问题、探索问题，到暗示性问题，让读者对于问题的运用，有更完整的面貌。

“您好！欢迎光临！”

“请问有什么需要为您服务的吗？”

“我先自己看一下。”

“没问题，您慢慢来，外面天气热，您也可以顺便吹个冷气。如果需要我，我就在旁边，您可以随时找到我。”

“我看到您特别在看这款冷气，家里冷气需要旧换新了吗？”

“嗯！我要帮我女儿整理房间，想帮她看一台冷气。”

“您目前冷气是使用哪个厂牌呢？”

“不是你们的牌子。”

“您看的不是现在使用的厂牌，是对之前的冷气有不满意的地方吗？”

“我觉得冷气运转的声音太大，而且我女儿有气喘毛病，我希望能特别加强去除尘螨，并且有暖气功能。”

“您之前家里用的冷气是否有特别滴水引流功能？”（探索问题）

“为什么这么问？”

“因为滴水引流可以减少杂音，并且现在有法规，大楼外不得有冷气滴水！”

“您女儿的房间是否是单面窗？”（探索问题）

“我女儿房间只有一面窗，采光就靠那一面。”

“特别为女儿整理一个房间，可见女儿大了，也需要在学业上冲刺，因此自然采光对于眼睛的保护很重要，对青少年年纪的女儿而言，自然光也代表会有更好的心情。”

“我建议您选一款分离式冷气，它有环保节能省电装置，同时具有超静音、防尘螨的功能。您女儿房间多大？我让您直接看产品。”（复述和确认）

“但是，现在是冬天，还没有到要用冷气的季节。我先自己看看，我不急着买。”

“我了解，怎么称呼您？张先生，的确，现在离夏季还有两三个月，的确可以多看看。”

“但只是一个建议，如果女儿房间不跟着装潢的时候一起装冷气，到时候你要大费周章搬开家具，还要另外再整理一次家里，其实很花钱又麻烦的，不是吗？”（暗示性问题）

“女儿房间能有个冷暖气机，冬天温暖舒服，夏天凉爽自在，

她待在家里的机会多，你也不用担心女儿往外乱跑，**不是吗？**”（暗示性问题）

“女儿房间的冷暖气机，有防尘螨的功能，减少两三个月气喘过敏的机会，这也是一个父亲希望的，毕竟，女儿健康不能等，**不是吗？**”（暗示性问题）

“来吧，张先生，我还是带您去看看，先参考。您会发现，冬天买冷气，就跟冬天吃冰淇淋一样，特别好吃且过瘾。我们优惠多，您会满意的。”

暗示性问题特别适用于顾客犹豫、顾客想要再多方比较、顾客还不知道自己的选择时。但请注意，使用暗示性问题引导顾客时，一定要有很强的铺陈，所谓铺陈，就是要取得顾客的信任，并且塑造自己的专业。

如果你没有立刻判断出顾客类型，没有展现聆听，你可以提出的暗示性问题其实很少。我们承认，随着经验的累积以及事先的模拟演练，可以减少错误。

暗示性问题需要你展现出专家级的专业和自信，你需要大量的专业知识，包括产品、竞品、顾客、流程四大专业，当你有更多的专业，搭配谦逊的态度、自信的仪态眼神，暗示性问题会让成交率快速升高。

由于暗示性问题的成交率最高，同样地，我希望你练习，毕竟，多次练习能增加你对顾客未来问题的掌握。

暗示性问题关键字：不是吗

本章重点

训练提问力

基础类问题：多半和顾客明显可见的需求有关，是一般销售人员的基本动作，基础问题最大的意义在于，通过观察力、破冰话语的运用，即找到顾客所需。基础类问题分两类：

1. 询问以往购买经验

2. 本次购买的具体需求

探索性问题：主要是要挖掘顾客没有意识到，或者没有说出来的想法，有两大分类：

1. 探索性问题：运用我们的专业以及经验，推测顾客应该需要的功能。

探索问题关键字：“是否”

2. 暗示性问题：暗示顾客，如果不处理或不购买，状况会越来越严重。

暗示性问题关键字：“不是吗”

Chapter 10

秘密武器：产品地图

将所有产品“地图化”，让销售人员在脑海中可以“按图索骥”，就像航行在汪洋中的船，有地图，才能引导这艘船前进的方向，到达目的地。

“卖顾客需要的，而不是我们想要卖的。”这是本书开宗明义所提，找到顾客要的“那个”产品，在销售教学过程中，我们称为“核心产品”，顾名思义，是最符合顾客所需，如果顾客只有买一个产品的预算，“那个”产品就是唯一的选择。

核心产品的意义

在此要特别说明，我们并不是要超级销售人员“只卖”核心产品，找出核心产品的意义在于：

1. 核心产品保证一定程度的成交。对于有业绩压力的人，与顾客对谈，专注地找出顾客的核心产品，是非常踏实且稳健的方法。

2. 核心产品带来顾客信任。核心产品的出现，代表销售人员了解顾客需求、顾客困扰，而建议的最佳单品。核心产品会让顾客绝对满意，并让超级销售人员在顾客心中塑造出专业、无法取代的地位。

3. 核心产品带动串联销售。核心产品的出现，代表还有上、下游其他产品，如果超级销售人员取得顾客信任，为了让产品的功能搭配更好，可以带动其他产品的推荐，提高客单价。

寻找核心产品，必须有个强烈的前提：所有产品都经过“地图化”，让销售人员在脑海中可以“按图索骥”。就像航行在汪洋中的船，有地图，才能引导这艘船前进的方向，到达目的地。

产品分类的目的

将产品进行大分类，就像地图分东西南北。

分类的主要目的是要把零散的产品变得更容易寻找，且有销售上的意义。

因此当你和顾客交谈，通过聆听，找到你脑中关键字时，这时，你会需要导航器，**帮你立即找到顾客要的“那一个”产品**。

如果公司内部有教育训练部门，或者产品的培训资料已经累积成熟，那么，我建议你可以寻求公司的专业人员协助，帮你建立“产品地图”。如果公司没有专业的教育训练部门，我建议可以和几位资深同事讨论，建置简单的“产品地图”。

“产品地图”除了有销售意义，另一个最大的价值是，**可帮助新手销售人员更快地了解产品**。

我们经常看到销售人员在了解顾客需求后，最大的窘境是，不知道哪一个产品最适合顾客，于是在现场看到的是，摆了至少六七样产品给客人，然后，让顾客自己“做决定”。

如果顾客可以自己决定他需要的产品，请问，要销售人员干吗？

■ 依功能分类

产品分类不要太复杂，我们实行过最好的方式，就是以“产品功能”或“使用对象”两个变数分类。接下来我依过去的化妆品产业，以保养品销售进行说明，帮助你发展出自己的“产品地图”。

在保养品的领域中，“产品功能”不外乎四大项目：

1. 保湿

2. 美白

3. 抗老

4. 基础清洁

如同你所初步理解的，每个项目都有个别功能，可以直接针对顾客的肌肤困扰，予以改善或满足需求。而我们也发现，产品功能其实隐含产品的使用对象，也就是年轻肌肤要特别加强保湿，初老肌肤注重美白（及防晒），熟龄肌肤则主攻抗老。

当然，基础清洁则是适用于每个年龄层。因此，通过内部讨论，我们把产品功能调整成：

20 岁保湿	顾客肌底状况良好，只需要加强保湿工作即可
30 岁初期	抗老顾客肌肤开始出现状况，两颊在清洁后开始有拉扯感，脸上容易干燥或者表情多的地方，开始出现静态纹路。眼角、嘴角，开始有线条产生，侧面查看肌肤，下巴线开始模糊，脸部不立体
40 岁熟龄	抗老顾客干燥情况变得更明显，肌肤长期处于干燥状态，甚至已经不泛油光，没有皮脂的润泽感。线条更为明显，且范围变大。两颊咀嚼肌明显，脸部变宽、下垂明显。肌肤因为干涩，已经失去健康光泽。因为荷尔蒙变化而开始有老人斑出现
美白	追求肌肤亮白，希望降低肌肤色号，有斑点困扰顾客
基础清洁	包括每日卸妆、洗脸，周期性去角质都在此列

经过调整，我们把四大分类改为三大分类，加强抗老项目，在抗老项目内再分三大类别。把项目简化，主要是希望销售人员在与顾客互动时，可以更快地找到顾客要的核心产品。

■ 依使用对象分类

把某一项目扩大化，例如，抗老系列里再分为“20、30、40”，也为暗示销售人员此系列是公司的主打商品，把销售力道集中，以期看到业绩爆发。

这样的精准度可以加快销售速度，展现销售人员的专业性。我们的经验显示，销售人员会因此对自己的建议充满信心，因为他们脑中的“导航系统”，很清楚地“指”出坐标，销售人员更容易对销售工作产生更多乐趣和自信。

接下来，我们再放入“产品质地”的变数，如同这个行业的特性，保养品的瓶瓶罐罐中，包括“化妆水”“精华液”“乳液或乳霜”三大质地。如果我把“产品质地”+“产品功能”+“使用对象”就会诞生以下“产品地图”：

功能	对象／质地	化妆水质地	精华液质地	乳状／乳霜质地
抗老	20 岁保湿	保湿化妆水	保湿精华液	保湿乳液或乳霜
	30 岁初期抗老	抗老化妆水	抗老精华液	抗老乳液或乳霜
	40 岁熟龄抗老	熟龄抗老化妆水	熟龄抗老精华液	熟龄抗老乳液或乳霜
美白		美白化妆水	美白精华液	美白乳液或乳霜
清洁		洁肤水	洁肤凝露	洁肤乳

接下来，只要通过询问顾客对“产品功能”的需求，并且判断顾客肌肤类型，以决定他适用的“产品质地”，意即定位“横坐标（产品功能）”以及“纵坐标（产品质地）”就可以找到

顾客最关键的“核心产品”。不会出错，速度快，且让顾客为我们的专业惊呼不已。

我来示范几个例子。

如果一位女性顾客年纪约30岁，想要加强抗老，她皮肤两颊比较干，但是用乳液觉得太厚重，请问，她需要哪一罐保养品?

抗老精华液！你答对了。

如果一位20岁的年轻女孩，肌底不错，并没有缺水问题，反倒是满脸油光，她习惯使用凝露质地，且还挺习惯的，请问你会推荐她哪一瓶保养品?

洁肤凝露！噢！你已经是我的超级销售人员，至少，已经踏出非常重要的一步。

通过产品分类，我们接着开始进行**串联销售**。

也就是，我们认为，最完整保养一定要“化妆水”“精华液”“乳液或乳霜”三种质地的三层保养，才能把保养效果发挥到最高点。我们提出一个串联销售的公式：“水—精—乳，1 — 2 — 3”

因此我们再将表格进化如下：

		1	2	3
功能	**对象 / 质地**	**化妆水质地**	**精华液质地**	**乳状 / 乳霜质地**
抗老	20 岁保湿	保湿化妆水	保湿精华液	保湿乳液或乳霜
	30 岁初期抗老	抗老化妆水	抗老精华液	抗老乳液或乳霜
	40 岁熟龄抗老	熟龄抗老化妆水	熟龄抗老精华液	熟龄抗老乳液或乳霜
美白		美白化妆水	美白精华液	美白乳液或乳霜
清洁		洁肤水	洁肤凝露	洁肤乳

这代表，我们希望顾客能够采用 1 — 2 — 3 三个步骤，完成保养仪式。这对销售人员的意义是，一次可以卖三瓶产品，客件数直接拉高，客单价当然也会提升，这张地图开始产生更多业务和服务的价值。

■ 进行串联销售

有人会问，你不是说要先找出“核心产品”吗？你明明在教销售人员找出“核心的那一瓶”，怎么现在又说要卖三瓶？

如果你能想到这个问题，我会说，这本书你开始读通了。是的，一开始我要你学会找出顾客的“那一瓶”，然后我要你以此为基础，进行串联销售的**销售话术**。

要使用销售话术的前提是，你必须给顾客“美好的第一印象”+“专业的顾问形象”+“让人信任的服务态度”，那么你才有机会把销售的饼做大。

为了帮助销售人员提高客单，我们分别设计串联销售的语句，目的是让顾客觉得，“一瓶很好，但只有一瓶还不够”的感受。

以下是我们所设计的串联销售话语，这段内容一公开，我推测，百货公司一楼的化妆品业绩应该会下降吧，顾客越来越难被引导，因为，顾客已经知道我们的秘密啦！

1	化妆水	化妆水可以发挥再次清洁功能 赋予角质水分，让角质柔软，开启肌肤吸收的功效 角质柔软就可吸收后续精华液
2	精华液	精华液是精华成分的浓缩 精华液分子小，容易被肌肤快速吸收 容易深入到肌肤底层发挥（抗老、美白、保湿）功效
3	乳液或乳箱	乳液给予肌肤轻轻的润泽。乳霜给予肌肤丰富的润泽。 乳液或乳霜作用如同锅盖，可将前一个步骤的精华液锁住，留在肌肤底层，发挥更好的（抗老、美白、保湿）功效 乳液或乳霜提供肌肤润泽感，不紧绷

因此，我们把 1 — 2 — 3 步骤，进一步诠释为“开启—深入—锁住”三大功效。只要找到顾客的核心产品，例如，是精华液，我们的串联销售话语就是：“为了让精华液可以真正留在肌肤底层，发挥抗老、美白、保湿功效，依照您的肌肤状况，我建议后面要加一瓶乳液。”

如果顾客对精华液和乳液都埋单了，我们会进一步建议顾客：“既然精华液跟乳液都买了，您一定是非常注重保养效果的。那我建议，要做就做完整。化妆水可以为保养品担任一个前导的作用，它可以开启肌肤毛细孔，并且让角质柔软，角质一旦柔软有弹性，毛孔也打开，肌肤会开始吸收你给它的任何保养品。建议您多带一瓶化妆水，这是我给您的专业建议。”因此串联销售语句的设计，一开始就必须设计好，无论顾客的核心产品是哪一瓶，都可以相互串联，且都有推荐原因，可以理性地说服顾客。

以上是我之前的经验，以保养品为例和读者分享。当然，我们也设计“彩妆产品地图”“香水产品地图”。每个大类别都**只有两个变数**，通过逻辑切割出产品。在训练上，我先让销售人员习惯地图，锁定“核心产品”，一方面帮助销售人员习惯这种新的销售方法，另一方面单瓶的成交率变高。之后，会让销售人员开始进行优化动作，进行串联销售的推进。等到更有信心后，会让人员在大分类之间进行板块与板块间的大串联。例如，我们会教“保养品连到彩妆品的串联销售”“彩妆品连到香水的串联销售”等，只要销售人员不急躁，按着步骤，和顾客建立关系、询问正确问题、进行专业建议，通过以上程序，我们保证，只要三个月，菜鸟销售人员可以拥有三年的销售功力。

本章重点

秘密武器：产品地图

1. 通过“产品地图”，让业务人员在销售时，脑中有销售指南针，可以用最快速度，精准地找到顾客需要的核心产品。

2.“产品地图”的另外意义，是找到最重要的核心产品，让每次销售提高成交机会。

3.“产品地图”产生的第一步骤，必须要找出纵轴、横轴的变数，亦即产品分门别类的变数，如此才能精准地对焦到产品。

4.产品分类的变数不宜太复杂，建议可以用“产品功能”与“使用对象”两大分类。

5.通过产品分类可以发展出咨询顾客的问题，亦即你如何分类，你就该以此发展咨询问题。

6.通过产品分类可以衍生串联销售，但串联销售必须事先设计好，并搭配语句设计，才会让核心产品联结到其他商品。

Step 4

销售决胜点

绝对成交

每个销售人员都在寻找最美丽的成交艺术。

通过故事分享、方法说明，糅合心理学的说服技巧以及沟通的手法，12个经过实证的实用技巧，一一说明。

包括让顾客有主控权的“三选二推荐法”、让顾客进入自己所创造画面的“图像法”、争取转圜空间的“最高单位法”，以及具催眠效果的“呼唤对方名字法”等。

如何设计让顾客不断挑战高消费级别的秘密，尽在本篇。

Chapter 11

临门一脚：拥有成交力

顾客的最终决策，来自对销售人员的感受、对产品的价值判断，或当下的直觉。

他要买的是一种“销售的感觉”。

顾客为什么决定购买？NLP 人类行为学派的销售专家认为，人类购买是为了一种感觉、一种情绪，纵然是理性出发，最后还是会以感性结束。

人的决策过程，来自于沟通频道的相似性，就如同广播的频道一样，通过类同的频道，人会产生好感度，最后决定购买与否。通过这个观点的销售培训手法，就是让销售人员去辨认顾客频道，并且对顾客的沟通频道做回应，让顾客产生认同，因此有冲动性购买结果。

另一派销售专家认为，人类会产生购买主要来自计算的结果，人类的购买来自所得减去付出等于决策，当决策结果为正值，购买行为会自然产生。通过这样的思考模式，人的所有行为都是大脑盘算的结果，包括对对方信任度的计算、自己付出的交通时间、对于店面环境的喜好度，甚至对眼前这位销售人员的专业能力，以及购买之后可能带来的售后服务等计算的结果。大脑经过加加减减的复杂过程，若发现付出大于所得，就会产生“不值得”的结论，因而不让购买行为产生。

通过市场考验的成交法

在担任销售讲师期间，我深深体会到，要促成销售，销售人员最需学习，且最符合现实需求的，就是让顾客的感性超越理性。顾客的最终决策，其实来自对销售人员的感受，对产品的价值判断或当下的直觉，他要买的是一种“销售的感觉”。

以下是我 15 年来在零售通路的行销、公关、销售、培训经验中，筛选出最有成交力的促成法，算是我职场生涯的精华与结论。

三选二推荐法

眼见到了成交时刻，现在你正等待这一串服务和努力的成果。从一开始的顾客招呼、探索顾客需求、提供专业咨询，甚至给予定制化服务，你和对方都认为应该为这次互动画下一个句点。

但是，这时顾客展现犹豫。他似乎不打算做决定。你发现了他的犹豫，眼神闪烁，和一起来的朋友、家人交头接耳，顾客偶尔看看 A 产品，偶尔看看 B 产品。你必须要加入促购力道。

加入促购力道是必要的，你有许多选择，常见的例如有商场买千送百、买汽车加送保固年限、买十瓶送一瓶、限量、限时、限点优惠。但我不推荐此种方法，理由很简单，因为每个销售人员都用一样的手法，你并没有高人一等，顾客很容易找到愿意提出更好优惠的销售人员。另一个理由更单纯，因为顾客这次拿了你的促销，下一次再来找你购买，你将会自食恶果，因为顾客会希望你以同一条件办理，甚至当你提出的优惠没有上一次好，还会产生顾客抱怨。

我的建议是，请你先展现专业，让顾客因为你的专业而购买，最直接的就是“推荐产品”。

现在，请你选出三个你认为最适合顾客的产品，并将它们一字排开。请把你认为是顾客最需要的，也最容易成交的单品，放在中间位置。请你依照顺序，将三样产品以三至四句话介绍一遍，算是帮顾客做个提醒，让他忆起之前你所介绍的特点。

接着，请你帮顾客从三个里面选两个，然后请你刻意将两个产品往前推出一步，感觉像是士兵被点名，一大步踏出队伍往前站立。

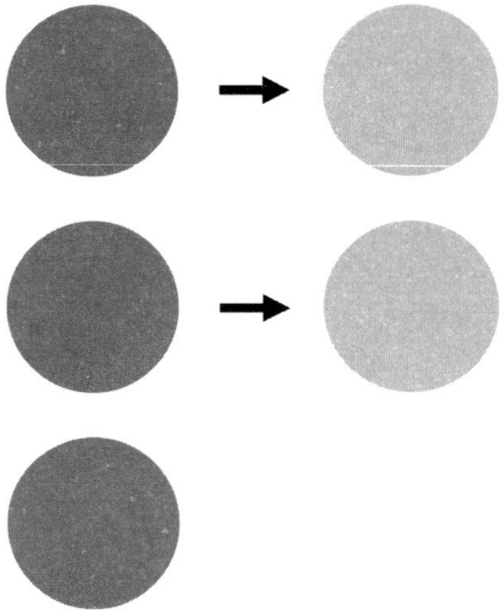

请你这么说：“刚刚和您聊过您的需求，我也介绍了几款商品，我想，根据我的专业和我的经验，我推荐您考虑这两样产品。”

让顾客从两个推荐中做选择。

如果你的咨询水平高，财神也降临，顾客会把两个都带走，希望立即感受产品效果。

但大部分情况是顾客会从两个里选择一个。人类的大脑运作逻辑习惯从两个选项中挑选，由于这工作是如此简单，大脑会开始筛选讯息，产生偏好。就如同人脑分左右两边，人类习惯把世界分为“是”与“非”，戏剧中的“好人”“坏人”分野并不是巧合，人类习惯把事情一切为二，从里面找出一个属于自己的选项。

你会发现客人的眼球开始来回游移，他在选择。不管他最后选出哪一瓶，对我们而言，就是成交。将选择权交给顾客，让顾客“认为”是他做最后决定，顾客拥有主控权，交易满意度将大幅提高，他将很快成为回头客。

我举一个案例，将以上的步骤，通过对谈，让你身临其境。

“张小姐，我了解您很注意肌肤的保养，特别是美白部分，您的肌肤属于混合性肌肤，在夏天的时候，两颊肌肤并不会有紧绷感，但是T字部位出油量大，因此，您希望能够把乳霜换掉，改成比较清爽的质地。考虑到您现在习惯使用化妆水、乳霜简单地保养，依照我刚刚和您的咨询，我想以我的专业（拿出三瓶），会推荐您使用美白保湿洗面奶、美白精华液、美白乳液。”

“美白保湿洗面奶在洗脸同时，加入微量去角质成分，让毛孔污垢不仅清除，还可以去除老废角质，注入美白成分。”

“美白精华液是美白精华成分的浓缩，里面富含维他命C，可以反转黑色素，又可以快速进入肌肤底层，抑制黑色素作用。”

“轻质美白乳液作用在美白精华液之后，可以赋予肌肤清爽的滋润，洗后肌肤不紧绷，同时可以将前一道美白精华液锁在肌肤底层，真正发挥作用。”

（推出两瓶）“依照我的专业，我建议您今天可以先从美白精华液或美白乳液进行选择。”

这时，请你保持静默，让顾客想一想，给他点空间，不要给压力。

当然，我必须承认，保持静默其实给顾客的压力更大，这时候最有趣的就是，谁先开口谁的气势就输了。我的意思就是，顾客先开口，顾客的气势就输了，你可以准备呐喊：我成交了！

图像法

自从西班牙巴塞罗那大学的考古学家若昂·齐良与英国布里斯托大学研究人员阿里斯泰尔·派克，鉴定出西班牙境内11座洞穴里的50幅壁画的年代，发现人类使用壁画的图像语言进行沟通后，我们可以确定的是，人类通过图像、颜色、线条的相互传送，让图像传承文化的历史年代，比我们想象的更早。

图像沟通是人类最原始且最快速的沟通接口，小婴儿在出生之后，学习语言之前，他对生活情境的画面会产生感受。感受让人有情绪，这也是为什么人类有心情，但不一定可以通过文字或语言正确地表达出来。

偶尔，我会接到顾客来电，她们抱怨：“为什么在百货公司专柜试擦保养品时，感觉比较有效，回家之后好像效果没有那么好？”同样一罐东西经过现场销售人员、气氛催化，保养品似乎在销售人员的图像话语中，帮顾客创造了另一个世界。

超级销售人员大量运用图像法，并以此建构顾客的脑中画面，让顾客在不自觉中购买。我推荐一个话语给你：“您想象一下？”以近乎命令句的方式，请顾客对着面前的物体，开始进入自己的画面。

我曾经辅导一家以机械表为主的精品店，每只售价30万元起跳，一个月的销售量大约十五只，这样的销售速度在精品业而言，算是不差。

我们为该品牌设计三段话语，每段话语都是以“您想象一下”

为开头。

“您想象一下，当您戴着这只表招待从国外来的贵宾，我相信它一定会吸引贵宾的眼光，而成为你们讨论的话题。”

“您想象一下，这只珍贵的表可以成为传家之物。您想象一下它可以传给您的儿子，您的儿子再传承给您的孙子。而您的孙子戴着它迎接人生第一份工作，就像您陪着他一般。”

“您想象一下，您戴着这只表每天辛勤地工作，每天晚上睡觉前把这只表放在您的床头柜，第二天早上再戴上它，它会跟着您分秒必争，迎接每个挑战。”

所有的对话都是为顾客创造他脑中的画面，让画面产生情绪，让正面好感和手表进行联结，整个流程就如同广告作用，但是我们却通过“您想象一下”的口语，将画面感奇妙地创造出来。

再举另一个销售案例。

你一定有购买衣服的经验，最关键的要素之一，就是试穿。当你选了几件，在销售人员的引导下走进更衣室，成交的机会就已经悄悄开始。销售人员等在外头，询问你要不要走出来照镜子。因此你穿着“未来属于”你的衣服，走出试衣间。

在斜摆的大镜子前，你看到新的自己，高挑又得宜，这时销售人员说：“您想象一下，您穿着这件刚好可以衬出腰线，走在路上会让自己走路有风，充满神采。”

“您想象一下，这件衣服的蕾丝设计，可以展现女性柔美，当在开会或正式场合，您会展现专业，也展现个人特质。”

以上对话必须搭配两个重要元素：

1. 必须在销售前段即积极和顾客建立关系。销售人员须了解顾客基本状况、想法、生活形态等，否则顾客会认为你过度操纵他的思考。建立一定的信任感后，图像法将如潮水般淹没理性思绪。

2. 请搭配试用、试戴、试擦。唯有把物品放在顾客身上，才会和销售的话语联结，因为顾客才会觉得这个物品“和我有关”。

三个 YES

自从诺贝尔奖得主、加州理工学院罗杰·斯皮尔（Roger W. Speer）博士积极研究右脑，人们才开始意识到，左脑、右脑各自以不同方式进行思考。右脑以图像思考，因此被称为“艺术脑”，左脑以语言处理、逻辑分析见长，因此被称为“知性脑”。大脑从中间分为左半球及右半球，每个脑半球会主宰某些特定的行为，两个半球仅通过 200 万 ~250 万条神经纤维组成的胼胝体相互联结，当两边的讯息传递无法立即传送，大脑在短暂的时间内，会有惯性思考，也就是说，当已经习惯以某种方式反应时，短时间内我们很难改变原有动作，而有新的思考模式。

因此我们利用大脑的惯性，通过问题的铺陈，问题一个扣一个，让顾客跟着我们的思路走，而且不断地直说 YES，三个 YES 法，特别适用在销售后段，顾客还在犹豫甚至带着些许抗拒情绪的状况。

以下是几个例子。

在我服务过的品牌中，有一款水晶乳霜，定价 6.5 万台币，每一瓶都有编号，限量发售，伤脑筋的是，公司进了 100 瓶，而我们得到指令，一定要在三个月内销售完毕。

销售人员听了，都知道这是不可能的任务，因为市面上乳霜的平均单价四五千台币，我们这瓶产品竟然是一般乳霜的 10 倍以上价格。

三个 YES 这时派上用场，以下是我们讨论出的三个 YES 话术。

“每个女人都希望兼具智慧与美丽，而展现自己的独特风格，不是吗？”（是呀！）

“独特风格不只是借由外表的打理，更重要的是要展现个人的神采和气色，不是吗？”（是的！）

“而现在工作压力大、外界污染严重，要找到能呼应自己独特风格，又能给予自己亮丽气色的保养产品实在不多，不是吗？”（的确！）

“那我们来研究一下这瓶水晶乳霜吧，它能衬托你的风格，也能照顾你的美丽！”（那，好吧！）

这个话术让我们在两个月内达到业绩目标，当 100 瓶售罄，看到同事开心的脸、主管满意的笑容，再次印证了我的理论：感觉是可以销售的，只要用对方法。

三个 YES 的用法其实有难度，问题都必须先设计，而且不能让顾客回神有机会说“不”，当顾客有思考空当，犹豫着你的问题要不要答“是”的时候，你的问题引导就会破功。三个YES 的第一个问题最关键，必须和“社会常规”“社会道德”有关，让人没有办法反驳，让对方大脑只能跟着你的思路走，当大脑的思路一直被带着回答正面答案，因为惯性作用，大脑一下子会很难说不。

再举个例子。

之前曾经辅导过汽车销售，该汽车品牌有一款顶级休旅车，销售速度不如预期。由于该品牌的稳定性、高品质、优质服务，一直都是很大的特色，所以都是主顾客或者回头客购买。但是这款顶级休旅车，因为单价过高、同时采用油电混合，因此有爬坡力道不足的顾虑，再加上这款休旅车体积过大，机械式停车位停不进去，某些停车场也有空间限制，销售人员在推动时有很大的心理障碍。

经过与品牌部门讨论，我们决定要重拾顾客对这个品牌的稳定性、高品质的信心，并且放大休旅车的家庭概念，设计出三个 YES 话术。我们的目标是，通过课程培训，要求全部的销售人员把三个 YES 的引导问题练到滚瓜烂熟。

“现在工作繁忙，能够伴随全家人出游，带着自己的家人、爸爸、妈妈享受大自然风景，是一件很棒的事，不是吗？”（是呀！）

“而能够一次乘载全部家人，由您开车走到您想去的地方，是一件很享受的事，不是吗？”（是的！）

“家人都在一起，最重要的就是安全和快乐，并创造更多回忆，不是吗？”（的确！）

“那我们再来看一下这款休旅车，车大又稳、安全性高，绝对可以为您和家人带来最难忘的旅游回忆！”

三个 YES 法的运用提醒：

· 要特别注意连贯性。每个问题的设计都必须前后意义相连，一波接一波，让顾客无法仔细思考，用大脑惯性做决定。

· 问题需事先设计。每个问题都必须让顾客无法反驳，在压力之下，他唯一选择就是说：“YES”。

· 要特别注意第一题。提问需要和“社会共同同意的常规”，或和“社会伦理道德”有关。例如：“做子女的就是要孝顺父母，不是吗？”必须让人没有任何时间思考，马上面对第二题的提问。

· 三个 YES 的结尾字必须是肯定句。而这个字会暗示顾客给予正向的回答。

■ 狗狗说服法

如果我告诉你，这个销售方法年纪已经快 80 岁，而且你每天都会碰到，你一定会用质疑的眼光看着我。是的，狗狗说服法的力量很大，许多零售品牌甚至某些产业便是以这种方式起家的。

为何称“狗狗说服法”？

你一定看过小孩收到宠物当生日礼物的电影或影片，荧幕中小狗从纸箱蹦出来，而小男孩或小女孩惊喜和感动的眼神，任何人都会被这种情绪感动到，毕竟，小孩和小狗一起呈现面前，谁能抗拒？

如果把场景拉到宠物店，调整一下情节，假设，一个小男孩跟着父母亲到宠物店，选购他的生日礼物，一瞥眼，小男孩看中一只刚出生两个月的米格鲁。小男孩奔过去，踮着脚尖，双手抓着栏杆，脸贴着玻璃，满脸的欢喜，试着通过玻璃逗弄小米格鲁。

“我要这只小狗！”小男孩的脸上透露出坚定的眼神。

“这么快就决定啦？你不再看一看吗？”妈妈担心地说着。“你要负责养它一辈子的，你要不要再考虑一下，不要到时候不养，结果变成我的工作。”妈妈没好气地说。

“我就是要这只，其他的我都不要！”小男孩拉高音调，已经在为他即将发作的歇斯底里进行预告。

这时，宠物店老板走过来了，他正要使用狗狗说服法。

“小朋友你喜欢这只小狗吗？”（当然，小男孩的高分贝，绝对让人难以忽略）。

“可是妈妈说得也对，养一只小狗，就要负责养它一辈子。”（小男孩母亲眼神为之一亮，看起来这位店老板并不是急于要成交的类型，不知道为什么，竟然有点欣慰。为自己没有选择其他宠物店而感到开心）。

“我让你把这只小狗带回家，你可以跟它相处三天看看，如果不喜欢，你还可以把它带回叔叔店里，这样也不会有负担。”语毕，抬起头看了一下带着满脸感激的父母，寻求他们的回馈，或者，同意。

当然，你已经知道答案了，小狗被带回家了！你可以想象，小男孩回到家，和小狗一起玩乐、一起睡觉、一起迎接三天的早晨，一起送走三天的夜空星辰。你可以想象，第四天早上，小狗如果要离开小男孩，会是如何的光景。那种分离，会让人无法面对、无法接受，父母能够做的，就是打电话给宠物店老板，确定这只小狗将陪伴他们的孩子。虽然这样的决定，不一定如这对父母所愿。

狗狗说服法的重点，即是通过“拥有”—“分离”的过程，让购买的一方，已经习惯使用某些物品，习惯某些使用的仪式，享受某些产品的使用效果，但是时间一到，却面临必须放弃的动作。

分离，让人焦虑。而事实上，这样的分离动作，已经大量用在我们的零售产业，例如，试用或试吃。

好市多（Costco）的试饮试吃服务，是零售行业里最“海派”的。不论是玉米汤、牛排、韩国泡菜、蛋糕，试吃的量是一般通路的二至三倍。消费者对于试吃，毫不扭捏，且乐于接受。如果东西好吃，一再排队，无限供应，是好市多卖场里最常看到的情景。这种仿效“狗狗说服法”精神：让顾客先习惯，并且“拥有”，习惯于这种味道、习惯于这种咬劲。由于经过体验，且大口吃喝的拥有感，让人产生“习惯”。一旦你习惯了，而必须离开时，会产生剥夺感。剥夺感让人想“挽回”，因为，人会要回原来属于自己的东西。

试乘也是“狗狗说服法”的销售体现。

M品牌日本大厂和金门县政府配合，在港口设置电动摩托车租车站，只需50元，即可租借全新电动摩托车。全金门在7-ELEVEN、杂货店、重要观光景点都有充电站。可享受最高时速50公里，可在金门爬坡、在几乎无人的道路感受冲刺感。4小时只要50元，10个还车的人有7人表明有意愿购买。

下次，只要路边有人给你免费3天试用品、7天试用即可免费无条件退货、低价面膜试用包7包、前3次护肤体验价500元等，你就知道都是在使用“狗狗说服法”。

狗狗说服法最迷人的地方就是，顾客经过一段时间的使用，而非仅是单次的体验，让顾客有“拥有”的错觉，一旦“习惯”，顾客会很难接受“分离”。

表现惊讶

你的顾客超过50%是视觉动物。你的表情和肢体动作，往往会给顾客讯息，并决定出顾客的回应。沟通是一个动态的过程，一个人的回应，来自于他所接收的刺激和讯息，讯息经过转换、经过决策之后，你会看到、听到、感受到对方所反应的结果。因此身为销售人员的你，就必须聪明地管理你所发给顾客的信号。

我非常喜欢阿尔伯特·梅拉宾（Albert Mehrabian）教授的7—38—55法则。梅拉宾明确地指出，当一个人决定是否要相信一个人，或者判断讯息真伪时，55%关键来自对方的肢体语言（包括眼神以及肢体语言），对方的音调变化占 38%，而对方所说话语和内容，仅占 7%的影响力。

麻省理工学院（MIT）“人体互动实验室”主持人亚历克斯·彭特兰（Alex Pentland）教授也证实，人与人在互动时，会散发出“诚实信号”（honest signals），诚实信号主要来自于“肢体表情”，包括站姿、坐姿、手势高低、手势范围、眼神、嘴部表情、音调高低、声音速度、穿着发型九大肢体表情。2009 年《哈佛商业评论》（*Harvard Business Review*），将“诚实信号”评为“突破性概念”，彭特兰教授的研究更指出，通过数位探测仪器的测量，可以精准地预测人类的行为。

不论你是不是“肢体语言”专家，你我都必须承认，肢体所给予的信息，让对方可以立即察觉或观看，而其所流露的信息，是如此短暂，又如此真实。对“肢体语言”的了解，已经是 21 世纪的显学，你可以看到前美国联邦调查局（FBI）探员乔·纳瓦罗（Joe Navarro），因为一本《FBI 教你读心术》，已经三年受到哈佛大学邀课，成为国际级的读心术大师了。

要观察一个人的状况，最容易且最具力量的，就是“眼神”。眼神是由“眉头”“眼尾”“眼睛”所组成，因此不同的情绪就由这三个眼神元素搭配而成。

惊讶的眼神，如你所知，你必须打开眉头、撑开眼尾并且放大眼睛，如果可以，倒抽一口气，让惊讶的情绪能量更大。

为什么要在最后成交的单元，谈“惊讶”眼神？因为销售的收割，是和顾客进行直接的谈判，顾客会跟着我们的反应、决定提出底线。而谈判最大的原则就是，提出对方几乎无法接受的价格或规格，随着一来一往，调整双方的“期待”，然后试着让彼此走到可接受的“双赢”接受区。

所有顾客都知道，如果谈判条件不佳，他的最后筹码就是“不买”，或更气人的“我找别人买”。许多销售人员听到这个撒手锏一出，大概都兵败如山倒，很少人可以挺得住。但我要请你撑住，并请你表现出“惊讶”的样子。

表现出你的不可置信！不敢相信，顾客竟然会提出这样几近无理的要求，或是从来不曾出现的条件。你表现惊讶，让顾客自己觉得无理取闹，不懂市场规矩，顾客罔顾你的服务和一个身为销售人员的人格尊重。你表现惊讶，好为自己争取更多谈判筹码。

“表现惊讶”必须自己也能说服自己，惊讶的情绪表现，必须让对方真的有这样的情绪感受，而不是你的刻意“演出”，表现惊讶之后，请你搭配下一个成交技巧：“最高单位”。

■ 最高单位

在最后成交阶段，你必须承认，需要更多和顾客谈判的“空间”和“资源”。

在此，我先不提资源，因为，你可以立刻想到公司的促销方案、特惠方式、免费服务、让步的价钱空间。换个方式说，如果公司提供一堆特惠或促销，那么销售人员能展现的价值就相对压缩。

因此，我们来谈一谈“空间”。要和顾客谈判，第一线打仗的销售人员就得有推辞的借口，他得扮演白脸。

至于公司的黑脸，不一定要有这样的人物存在，“他”可以是真实人物，也可以在你的“口中”存活着，无论如何，你需要一个“转圜空间”和顾客进行关键性的成交谈判。

“转圜”，就是希望多争取时间、减少价钱降幅、创造产品的价值感。事实上，“最高单位”的用法，经常发生在我们生活周遭，我认为甚至有大量滥用的趋势。

以下是一段你也许熟悉的对话：“我在你们这里买这么多东西，要算我便宜一点。”

“张先生，不好意思，我们的价格都是不二价的。”

“什么不二价，我跟你买了三部车，你连个优惠都没有！”

“张先生，不好意思，我真的很为难。”

“我跟你要优惠，纯粹要的就是一个感觉，我要你们表现诚意，真的把我当成一个VIP，废话不多说，帮我总价打个九折，不然我就三部都不买！”

“张先生，我了解，如果我是你，我也觉得已经这么支持这家公司了，要个诚意的确不过分，公司给予VIP顾客在配备上有很大的优惠，但是对于您提到的价格直接优惠，**我必须要跟公司更高主管请示**，毕竟，我的确有为难的地方，也请您务必见谅。”（经过5分钟）

“张先生，我已经紧急和副总联系过，他非常谢谢您的支持，因此这次特别以专案处理，在价格上直接打九折。也希望张先生未来能多支持，多介绍朋友过来。”

“最高单位”可以为最后成交阶段带来让步，但是又不失原则地谈判对话。

要使用此种成交技巧，请务必展现诚恳和诚意，不要刻意演出，一旦顾客发现你造假，容易产生反感。

■ 呼唤对方名字

沟通大师卡耐基曾经说过：“人类听到最美的声音，就是自己的名字。”对我而言，“呼唤名字”的关系建立法，一直有一种魔力在，如果要我提出一个可以建立销售关系的绝对成交技巧，我会毫不犹豫地使用这个方法：呼唤对方的名字。呼唤对方名字，必须从见面一开始就使用，而我的建议是，不要称呼对方的正式全名，在对方的允许下，最有价值的方式是，称呼他的“江湖称号”。

什么是“江湖称号”？江湖称号就是你在求学时代同学叫你的名字，或是你比较亲密或熟悉的朋友称呼你的方式。“江湖称号”比正式名字更容易拉近距离，也更容易产生说服作用，那是因为，江湖称号多半都是他人给你的小名，它可能充满回忆和故事。例如，我的江湖称号是“安妮”，只要听到路上有人大声喊“安妮！”我会不自觉地寻找呼唤的人。

“安妮”是我高中时一位非常要好的同学帮我取的称号。高中时期是我求学阶段最美好的一段时光，全校都是女学生，学校管得很严，非常注重考试成绩，严格禁止从事不必要且会影响在校成绩的活动，例如看漫画书。但偏偏我热爱漫画，而我和这位要好的同学，因为我们身高相近，彼此座位在一起，高中三年里，我们最大的乐趣就是突破老师和教官的防线，偷拿漫画到教室，在上课中寻找老师的目光空隙，偷瞄一两眼那漫画中的少女故事。刚好有一套我们当时为之疯狂的套书，女主角叫“安妮”。也因此，纵然长大后，我一直觉得自己长得不像安妮（可能在我心中，安妮这个名字应该是非常优雅、少女情怀、可爱、具有公主特质），但为了回味这段友谊，我一直没有换掉这个名字。

在社会打拼，由于自己的表达能力不错，从行销工作转到培训，办公室主管以及第一线业务人员也都称呼我“安妮老师”，接着，随着经验和年龄的增长，我担任亚太地区的教育训练经理，因此我的称号又被升级为“安妮校长”。只要有人称呼我“安妮”，回忆涌现，且让人无法拒绝，因为，我回忆中的人物，正在“召唤”我。

呼唤对方名字，是我最常用且最常尝到甜果的方法。使用这个方法，请务必在一开始就留意对方的称呼。

“您好，我叫张敏敏，请多多指教。”（递名片）

“您好，我叫李安安，行销经理。”（收对方名片）

“李经理，您好！您可以叫我敏敏，这样比较不生疏。”

“好的，敏敏，那您也可以叫我安安就好。”

之后的对话，请一定要以“敏敏”“安安”互相称呼。一旦不小心失口，从“安安”称呼回“李经理”，那么由名字所呈现出的亲近感，会立刻消失。

在最后成交的关键时刻，请务必“呼唤对方名字”，成交概率将倍增。甚至，如果这次的成交最后走到带有负面情绪气氛，只要呼唤对方的江湖称号，就能将诉怨减到最小，因为，人被自己的名字“制约”，我们无法拒绝自己的名字，无法对如同自己朋友的人无情无义。

“呼唤对方名字”除了可以拉近人与人之间距离、让人无法产生拒绝之外，在销售上更大的意义是，它可以让人觉得自己被“指定”“要求”，而照着对方的心意去做。

在进入成交的最后阶段，你可以通过“指定”，“要求”顾客做出某种行为，请搭配以下步骤：

1. 首先，你要对方做什么，请在不冒犯对方的情况下，具体说出来，在话语结束的最后一至两个字，降低音调。例如：“我要你今天就买回家，直接体会顶级红酒的口感。”

2. 接着，请你说出确认对方意愿的话语，越简单越好。最后，请直接称呼对方的江湖称号或者他的小名做结束，例如：“好吗，安妮？”

3. 然后，你看着对方的眼睛，轻点下巴，不露齿微笑。接着，不要开口，保持沉默，等对方回应。

不要急，等个三四秒。沉默，是全世界最震撼人心的竞技场，如果对方先说话，就是对方先示弱，这点，我在销售上感受非常强烈，尤其是高单价、大订单，或者对方是属于掌控性强的买者，沉默，最具征服感、说服力，但也不讳言这需要无比勇气和大量练习。

试试看，通过“指定”，要求对方为你做一件事，然后，“呼唤他的姓名”，搭配善意邀请的肢体，以及深具征服权威的“沉默”，你可以在最后成交时刻，完美出击，收网，丰收！

■ 实现承诺

人对于沟通会有“一致性”原则（consistency principle），不管这个承诺是否违背自己的意愿，只要自己承诺的事，都会想办法实现，因为如果做不到，就会“受到良心的谴责”，会有“罪恶感”，因此人会想办法修正自己的决策或行为，以符合自己曾经许下的承诺。

不知你是否曾接过市场调查公司的电话，对方想要进行市场调查，以确定某产品是否符合顾客需求，访谈只需三分钟，希望你能拨冗回答几个简单问题，“我们不会让您填写任何基本资料，可以麻烦您吗，张小姐？”好啦，三分钟而已，怎么回答还取决于我，这有什么难的。

假设这是一个饮品的市场调查，一开始只是问你几个口味的问题：第一题，“如果是水果茶，请问您喜欢酸甜奇异果、清爽西瓜，还是口感浓郁的杧果？”（脑中开始出现曾经吃过的各种水果的经验，因此很快地选了一个答案。）

第二题，“请问如果是酸甜奇异果，您偏好纯粹原汁，还是要有奇异果口感果粒？”（这就是个人偏好问题了，随意地选一个，很真实地反映自己的口感。）

第三题，“在不提示的情况下，请您说出三个饮料的品牌。”（对于常喝饮料的你，可能不是个问题，当然你毫不犹豫，说出三大品牌。）

第四题，“请问您听说过AA牌饮料吗？”（AA牌？没听过。）

第五题，“AA牌饮料是您提到的三大饮料品牌的供应厂商，会增加你对AA牌的信任感吗？”（既然是上游厂商，也许可以考虑一下。）

第六题，“AA牌饮料如果在今年夏天推出酸甜奇异果，且有果粒咀嚼口感的饮料，您愿意买来试饮看看吗？”（到时候再说，如果不贵，我也许会考虑。）

第七题，“如果您觉得AA牌饮料试饮之后口感不错，价钱合理，请问您会多买几瓶给家里的小孩或大人喝吗？”（也许会考虑。）

根据实验结果，只要在市场调查电话中，说出愿意考虑购买试喝，消费者实践承诺的比率高达七成。这样的结果，让厂商惊讶，因为，完全不认识的人，只要许下口头承诺，就可以在未来新品上市时，让这些曾经接过电话的人主动购买，实践他曾经说过“考虑购买”的承诺。也因此，在销售上，我们强烈建议，要让顾客“说出”“写下”承诺。人会有“说话得算话”的道德谴责，要想办法让顾客许下诺言，即使他当下并没有确切的责任或义务得实现他曾经说过或答应的事。

我们在柜台的业绩管理上，要求销售人员一定要让顾客主动填写“顾客资料卡”（customer note）。好的“顾客资料卡”

设计，除了有顾客的基本资料、CRM 系统需要建置的代号外，也会设计几题简单的问答题以了解顾客的需求和想法，顾客的消费习性、消费实力，并且要暗示或引导他的未来行为，好为未来新产品上市，或销售人员再度接触时，成为重要的成交依据。

从美妆界起家的我，就以美妆界的顾客卡说明：

顾客基本资料：

1. 姓名／性别

2. 地址

3. 日间联络电话／夜间联络电话

4. 身份证号

5. 服务的产业／职称（单选）

6. 个人年收入（单选）

顾客需求：

1. 目前最大的肌肤困扰（可多选）

2. 目前使用的保养品顺序（填写 1—2—3 为例）

3. 目前使用的保养品品牌（可多选）

4. 偏好保养品质地（可多选）

5. 希望能够得到哪些保养品信息（勾选，可多选／其他，留空格让顾客填写）

顾客生活习惯：

1. 职场生活习惯（勾选，可多选）

2. 家庭生活习惯（勾选，可多选）

3. 休闲生活习惯（勾选，可多选）

顾客肌肤状况（由销售顾问填写）：

1. T字部位出油状况（勾选＋图示）

2. 两颊出油状况（勾选＋图示）

3. 脸部清洁习惯（勾选，可多选）

顾客的购买习惯（由销售顾问填写）：

1. 曾经买过的商品

2. 曾经做过的服务

3. 对顾客的称呼及热络程度

4. 顾客的特殊习惯（例如是否养宠物、是否习惯带老公或女儿等来柜上、是否喜欢修眉）

5. 曾经享有的优惠（使用护肤券、周庆折价券、参加贵宾会）

顾客问卷调查：

1. 您觉得这个品牌好的地方在哪里？

2. 您觉得这个品牌可以更好的地方在哪里？

3. 您会再选择这个品牌吗？为什么？

4. 您会推荐给您的朋友试用这个品牌吗？为什么？

顾客资料卡最有价值的内容，就在最后一题。我们发现，只要顾客在问卷调查项目的第三题回答：愿意，回购率会增加30%以上。最后一项第四题只要顾客回答：愿意，当我们邀请她参加推荐好友的贵宾会，她的出席率及携客率达65%以上。这些数字都在告诉我们，人为了符合“一致性原则”，担心自己食言，实践承诺的概率会让超级业务员绝对惊艳。

其他成交技巧

■ 给予压力

在销售的最后阶段，你曾给顾客压力吗？逼迫他购买？做决定？我相信许多销售人员都试过这个方式——赠品，这是最常见的施压，告诉顾客只有今天买一送一，错过就没有了，但其实我们都心知肚明，为了成交，绝对有无数个买一送一。

“缺货”也是另一种常见的施压。销售人员告诉顾客，只剩下眼前这一组，如果不买，其他顾客排队等着买，但很多顾客也都晓得，如果真的许多人争先恐后抢购，厂商怎么可能让热卖品断货。因为韩剧《来自星星的你》女主角千颂伊最钟爱的那双银色尖头高跟鞋（Able Pump）的品牌周仰杰（Jimmy Choo），成为许多亚洲女性的指定款，无奈市场大缺货，“缺货”压力笼罩全品牌，Jimmy Choo 对外宣称“为了照顾全亚洲女性的紧急需求”，将6个月的制鞋过程，硬是缩短一半以上。我们又再度确认，即使无法“快工”，但为了市场，这世界其实没有真正的“缺货”。

“限时限量”也是你耳熟能详的施压销售方法。这个手法经常在母亲节、情人节、父亲节、圣诞节等节庆时使用。通过有限的时段、产品，让顾客产生冲动性购买。

毋庸讳言，很多销售人员玩假的“限时限量”，时间段过了，依旧销售，因此这个手法事实上效果并不大。为什么时间到了，不见好就收？很简单，因为还有存货。

可以想象，只要欺骗消费者一次，“限时限量”就会破功，因此我常常提醒，要玩就玩真的，这样的销售才具动力，才有格调。进入21世纪，许多厂商并没有放弃“限时限量”手法，毕竟，“抢购”非常具有话题性，同时对于业绩的帮助很大。因此，限量产品的“号码烙印”，成为此销售方法的衍生版。

例如，全球顶尖打火机品牌Zippo在75周年时，推出侧边刻有序号的全球限量版升级款；兰蔻化妆品的顶级乳霜在2012年推出绝对完美黑钻奥秘霜限量款，限量编号100瓶等。

事实上，产品编号这件事，并不是高端品牌才拥有的特权，只要你诚实地设定号码，并且让顾客了解编号的意义，就已经达到“限时限量”的购买动力。最有名的案例就是北京全聚德烤鸭，全聚德的烤鸭在老饕口中并非首选，但为什么餐厅名气特别远播？因为每位吃过全聚德烤鸭的顾客，都会收到一张“烤鸭纪念卡”，上面写着你吃到的是第几只烤鸭。因为编号，吃烤鸭这件事开始变得有价值、有意义，最重要的是，顾客“参与”了这件事，感受到独特性，而让“限时限量”变得更有意义。

假设成交

这个成交手法的运用，就是销售人员已经假设顾客会购买，接下来只是要买哪一个，因此，在询问顾客意愿时，直接用封闭式的问题，要求顾客做选择。

请记住，顾客只要做了选择，对你而言就是成交。

以下是几个最常见的假设成交问句。

“黄色和红色，你要选哪一个？”（选颜色）

“你要家庭号，还是要携带型的容量？”（选容量）

“今天要多带一瓶，也给妈妈一起吃吗？”（增加使用者）

“你要可拆式？或是一体成型？”（选使用规格）

“这次是刷卡还是付现金呢？”（选付款方式）

“假设成交”法必须经过前段与顾客建立关系、展现专业的提问、解决顾客异议之后，确定已经进入到最后成交阶段，同时你也感受到成交的氛围，再考虑使用此法。我的理由很简单：避免让顾客感觉你在强迫促销，反而将前面辛苦建立的局面破坏，让这次的销售成为单次成交。

“假设成交”法适用于出现在促销期间的老主顾，一个好的销售人员，会记住顾客的喜好及购买习惯，在产品进行折扣时，第一时间与主顾客联系，并且保留货品。销售人员对于主顾客的购买习惯，其实已经掌握了相当多的细节，促销期间的销售对很多顾客而言，其实就是先买未来半年、一年的量，因此，“假设成交”往往能造就惊人的单次购买业绩。

■ 阶梯式议价

成交阶段，也意味着“议价”时刻来临，在本书中我并没有着墨与顾客的议价，主要是因为，我假设你的专业和价值，可以让价值远大于价格。

但我们不得不承认，“议价”对销售人员是非常重要的课程，尤其是面对高单价产品，如房子、珠宝等，对许多顾客而言，议价是关键，更不用说如果顾客是代表公司采购，他最主要的任务，绝对是以合理的最低价购买产品。因此我还是要针对阶梯式议价小小着墨。

“阶梯式议价”法是假设，如果销售人员开的是最高价，顾客要的是最低价，那么双方最后的成交价格，是通过销售人员往下让步，顾客往上加码，双方一层一层如阶梯般的一加一减方式，最后走到双方都可接受的价位，成交。

举个简单的例子。

如果儿子伸手跟你要 400 元，你会如何反应？

“为什么需要这些钱？”你一定想知道原因。

儿子何其聪明，他遗传你狡黠的思路和反应，早就想好理由等着你。

“我要跟同学去看电影，庆祝同学生日。”

“看电影花不了那么多钱，而且我平常已经给你零用钱了。

最多给你 200 元。”

“200 元？怎么够？我难道不需要吃点东西吗？给我 350 元啦！”

“看电影再加上喝可乐，我给你 250 元。”

“总要点交通费吧，300 元，多个 50 元让我坐地铁和公交车，差不多啦！”

最后，双方以 300 元成交。

其实儿子的底线是 300 元，因此他一开始就把零用钱价格开高，准备应付父母的砍价，儿子以 50 元逐步退让，父母以 50 元逐步加码，走到双方可以接受的价格，如同一个在阶梯高处，一个在阶梯低处，这一退一进过程便称为“阶梯式议价”。

儿子一开始要 400 元，父母一开始只给 200 元，这是经常看到的例子，成交价通常会在 300 元。因此，超级销售人员要知道，一开始开价开高，才有机会合理地“走低”，让顾客觉得价格是往自己的方向下降，才容易成交。

■ 给予利诱

给顾客小赠品、随身组合、限量礼物、VIP 限礼，是常见的“给予利诱”。

但我要特别介绍的“给予利诱”，不是给顾客赠品，而是通过多花钱的方式帮顾客“省钱”，这一招，是我在百货及通路打拼多年领悟到的，而且需要超人记忆力，才使得上的一种业务高招。我必须声明，这一招不是每个人或每个产业都适用，但是你可以感受其中奥秘，也许可以开创出你的全新销售新招。

1. 品牌赠品	2. 百货通路赠品	3. 品牌会员点数
5000 元送赠品 A	6500 元送赠品包	6000 点数加倍
8500 元送赠品 A＋B	9000 元送礼盒组	10000 点数五倍
12000 元送赠品 A＋B＋C	135000 元送赠品包 + 礼盒组 + 精油	15000 点数直接抵现金
16000 元送赠品 A＋B＋C＋D	20000 元送法国赠品包 + 精油礼盒组 + 水晶对杯	20000 点数直接抵现金再加 2000 点

上方表格内的消费级数有个特色，它们都是相互交叉，彼此级距在 1500 元 ~2000 元，让顾客的消费只要达到某个门槛，新的消费总额会再接近到另一个项目的门槛。

请各位回到表格，可以看到，最低消费门槛是 5000 元，也就是，这个促销档会优惠到 5000 元消费金额的顾客。然后百货通路及品牌会员点数的赠送，会通过品牌与百货的事前设计，产生无接缝优惠级距。**销售话语是通过级距而设计的**。

各位请参考以下例子：

例如，如果你看中某个商品，百货周年庆折后消费金额是**5500 元**，销售人员会这样利诱你："您只要再多买 1000 元的东西，就可以多送一个赠品包。你要不要看看还缺什么？这个赠品包售价 2000 元，你可以省下 1000 元，免得吃亏。而且您是我们的会员，会员点数可以加倍，非常划算！"

等到你好不容易找到一个1500元的产品，总共买了**7000**元，销售人员问你：“您要不要直接看3000元的产品，可以拿到A、B两个赠品，赠品包，以及会员点数加倍。**花8500**元，可是可以拿到外面定价超过6000元的赠品。”如果这位销售人员的攻势不断，他可以再建议顾客：“如果我是您，我会多花500元，凑到**9000**元的满额赠，多拿一个礼盒组，这样光拿赠品就很划算。”

好啦，各位读者，如果你搞不清楚以上的赠送是怎么一回事，不必着急，我们就是要让消费者看不太懂，当顾客还在想到底怎么回事，到底这些赠品是怎么送、送哪些、符合哪些消费或赠送门槛的时候，销售人员早就已经把各种优惠牢牢记住，并且事前演练，把优惠方案转换成销售话语，让身为顾客的你只听到“省钱、划算”，但是却忘记你本来只计划消费5500元，但是通过“给予利诱”，销售人员成功地达成单次消费金额9000元，客件从原来一件提升到两件，不论是在销售总量还是销售件数上，都是大跃进。

使用“给予利诱”必须确定所赠送的优惠，真的让顾客感受到被“诱惑”，而想要进一步购买，如果提供的赠送没有吸引力，就会削弱消费者往下个级距前进的动力。

本章重点

临门一脚：拥有成交力

通过市场考验的成交法：

· 三选二推荐法：帮顾客从三个里面选出两个。让顾客有主控权及选择权，让他决定最终购买商品。

· 图像法：让顾客进入到自己所创造的画面，产生情感性的购买。使用图像法话术“您想象一下……”创造图像情境。

· 三个YES：利用大脑的惯性，通过问题的铺陈，让问题一个扣一个，顾客跟着我们的思路走，不断地一直说YES之后，就很难说出NO。

· 狗狗说服法：例如“试用”“试擦”都是此种方法的运用。通过“拥有—分离”的过程，让顾客产生“拥有感”的购买冲动。

· 表现惊讶：你的顾客50%都是视觉动物。在成交的最后阶段，通过你所表现出的不可置信、“惊讶的眼神”，让顾客觉得自己提出无理要求，让你争取更多谈判筹码。

· 最高单位：通过“最高单位”的运用，超级销售人员帮自己赢得“转圜空间”，所谓“转圜”，就是希望多争取时间、减少价钱降幅、创造产品的价值感。

· 呼唤对方名字：呼唤对方名字可拉近彼此的心理距离，更有说服作用，让人觉得自己被“指定”“要求”而照着对方的心意去做。

· 实现承诺：只要曾经承诺的事，人都会想办法去实现。让顾客通过问卷、顾客资料卡自我承诺，将达到说服效果。

其他成交法：

1. 给予压力：包括限时、限量、限点的销售，通过让顾客感受到稀有性，而促成成交。

2. 假设成交：销售人员已经感受到最后成交的强烈氛围，在假设顾客已购买的情况下，要顾客做选择。请记住，顾客只要做了选择，对你而言就是成交。

3. 阶梯式议价：通过业务往下让步，顾客往上加码，双方最后会走到都可接受的价位。

4. 给予利诱：通过事前设计赠送级别，让消费者不断被诱惑，而持续往更高级别消费。

Step

5

销售后续

处理顾客异议

在销售过程中，顾客随时会提出自己的想法；顾客不赞同我们所提的说明、销售建议，顾客所想的和我们“不一样”，而让销售流程受阻，即称为“顾客异议”。

面对顾客异议，你会产生情绪，这时请你掌控自己的情绪，小心应对，你只有两秒钟时间找回销售主控权。本篇将以六个步骤，让这关键时刻产生正面结果。

而再多的道歉及安抚，还不如提出一个有效的解决方案，本篇将给你构思解决方案的思路及方向。

Chapter 12

两秒钟决胜负

六个步骤，处理的时间前后不过两秒，因此需要不断练习，才能在下次面对的时候，自然展现。

顾客坐在专柜的 VIP 椅子上，正在高声尖叫，整个百货公司一楼的人都听到她的尖叫声，销售人员已经吓傻，待在一旁。当天，督导刚好到现场，正在帮忙做业绩，一听到尖叫声，立刻往声音方向转过头去，只见顾客坐在 VIP 椅子上，右手抚着右边眉毛，脸部看起来非常扭曲且痛苦。

怎么回事?

20 分钟之后我飞奔到台大医院急诊室，顾客的脸色发白，戴着口罩的她，看不出表情，但瘦弱的身体，散发着怨念。

原来一个小时前，这位顾客到专柜来，想请销售人员修眉，当天人很多，人手不够，督导就请一位刚上班六天的新人帮忙。尽管新人还没上过产品课程，但她之前曾在某品牌担任彩妆师，修眉是稀松平常的事，想来得心应手，因此请新人帮忙也许顺便可以做业绩。

新人被赋予任务，拿起自己带来的修眉刀，准备修眉，结果发现眉刀不够锐利，力道跟手势都出来了，杂乱的眉毛还是原封不动，因此，新人向现场另一位同事借了一把全新的眉刀，准备施展她的手艺。

可能是不习惯这把借来的眉刀，力道拿捏不稳，眉刀才一下，客人立刻脸色惨白地对新人说："我的眉毛有感觉。"新人一听到顾客在小抱怨（顾客异议），一紧张，就拿起化妆水，想要帮顾客做清洁和舒缓，但是却拿到一瓶含有酒精成分的产品，让顾客已经带有伤口的皮肤，碰到酒精，接下来的情况，各位都知道了。

两秒钟处理自己的情绪

我想表达的是，若在第一时间可以镇定情绪，将顾客异议或误解妥善处理，之后，你不用花费两到三个月或更长的时间处理顾客抱怨，也不会让现场状况恶化，这一切，都需要你先稳定情绪，冷静应对。

冷静应对？说得容易，做起来可不容易，因此我集结十几年来的经验，整理出六个步骤，让你在两秒内，成就奇妙的无限可能。

步骤 1：确认你真的生气了

顾客问了好多问题，站在眼前的这个人不断问你许多“小”问题，例如为什么这部车子只出银色、黑色，就是没有他要的红色。这，你实在无法回答，你心里想着：这车子又不是我做的，我怎么能决定什么颜色。

或者，他开始挑剔车子里的味道，他觉得车子的皮椅不是真的牛皮做的。

顾客炫耀地说：“我之前那部车就是内装全牛皮，对于牛皮我可是很在行。肉眼看应该要有毛细孔，闻起来要有牛皮的臊味，可是这台，”他停顿一下，“牛皮味道是有，但就是有一种化学的怪怪味道。”你听了也很无力，你心里想，这部车子进到海关仓库后，就直接送到营业所，难不成我把真牛皮挖掉，换成假的吗？你心里犯嘀咕，对于眼前顾客提出的问题，越来越没有耐心。因为，你觉得他实在是无理取闹。

这是典型顾客异议的情境。你遇到顾客的言语对抗、情绪对抗，顾客问了一个“你认为”没水准的蠢问题，你觉得你快要失去耐心，这时，请提醒自己，要开始留意自己的情绪状况。

人类的情绪反应，因人而异，最典型应该会开始呼吸急促、心跳加速、表情僵硬，手心冒汗等。

请你先确认自己开始有负面情绪反应，并且尊重这个情绪反应，因为你得启动下一步。

步骤2：按下心中红色警铃

发现自己已经有负面情绪反应，请赶快按下心中的红色警铃（red bell）。

红色警铃代表当你销售遇到压力或者挫折，我们的认知会启动自我防御装置，会处于紧张的防备状态，启动红色警铃的最大意义是，让自己的情绪及身体意识到，自己正处于情绪起伏的负面反应，因此你可以接着进行自我舒缓的动作。

自我舒缓动作，我大力推荐练习深度呼吸，这是交感神经中少数可以控制自己的方法，有效又不花时间，你可以进行“有意识”的放松。试着深呼吸，把气体送到腹部，再慢慢吐气，让更多氧气进入身体，启动副交感神经，让心跳缓和。

强迫自己放松的另一个意义是，如果你开始紧张，并且处于紧张状态，顾客将很快感受到，因而造成顾客的紧张反应，许许多多的顾客抱怨就是从这个点开始的。你放松，顾客就放松，你所表现的态度，将会决定顾客的反应。因此，试着放松，也是给自己制造脱身的情境。

自我舒缓之后，闭起嘴巴，不要脱口而出。人在遇到压力时，所说的话往往伤人，且当事人事后都会后悔。话说出口，很难收回，不要说出让自己后悔的话，也不要造成公司处理的为难，当然更不要造成后续更严重的发展，因此，我要请你闭嘴，先不要开口说话。

忍耐。

步骤3：想想接下来该怎么办

先试着自我催眠：“他不是针对我，他只是误解了，或只是需要帮忙，总之，他一定发生什么事了，他不是故意的。”试着原谅他的粗鲁或无理，顾客不是针对你而来，半小时前你们两个人还不认识呢。他只是想要维护自己的权利，换作你是他，你不一定会做比他更高明的事。总之，情绪先缓下来，你才能冷静思考。

好的，冷静，请你想一想，你下一步该怎么做。

顾客到底想要什么？他想要个解释？他想要换货？他想要退款？或者，他纯粹就只是想发泄。

想一想，猜也好，就是不要大脑一片空白，你要让自己可以主动回应。

在想到主动回应的方法前，你也可以思考一下，谁可以帮你。现在谁在你旁边？他可以帮你吗？可以帮你做个解释，或者，帮你先处理一下店里其他的客人？仓库还有人在吗？物流有人可以帮你专人专件快速处理这个顾客需求吗？想一下！你需要外援，不要害怕求救。

步骤4：要有自信

顾客的口气可能凶狠，用词也许尖锐，但你要挺起胸膛，眼神迎上，要有自信地面对他的疑问。请你告诉自己："我正在尽最大努力，我要鼓起勇气，我要尽我所能帮助他！"

也请你想想你的团队，展现你的当责精神，请你告诉自己："还好这顾客是我处理的，要是其他同事碰到这个客人，绝对应付不了！"

步骤5：有所学习

如果你的处理已经告一段落，顾客也已经离开，你可以到洗手间去，洗把脸，请你沉淀一下，让自己的心情恢复。我知道你不是万能的，你会心情起伏，我要你做的只是，找个没有人看到你的地方，喘口气，让自己离开现场。放空，有时是最好的纾压。

然后，我要你想一下，经过这个事件，你学习到什么？下次如果再有同样的事情发生，哪个部分你可以做得更好？你会让自己的处理方式更细致，更符合顾客需求吗？你脑海中可以闪过任何思路，唯一不要闪过的念头就是害怕或辞职。

担任销售，本来就是会遇到顾客拒绝。

步骤6：自我激励

请你犒赏自己。

你绝对有理由犒赏自己，你想一想，你刚刚克服情绪、成熟解决顾客的疑问或问题，你需要被奖励。奖励不要等主管，不要等别人给，你可以下班的时候，吃碗自己喜欢的牛肉面，或者喝杯自己喜爱的香草咖啡，总之，犒赏自己，然后让自己的情绪和今天的事情做切割。

以上六个步骤，洋洋洒洒写了超过千字，但其实处理的时间前后不过两秒钟。六个步骤，在脑中不过一闪而过，因此要不断练习以上六个步骤，才能在面对的时候，自然地展现。

本章重点

两秒钟决胜负步骤

步骤 1：确认你真的生气了

请你先确认自己产生负面情绪反应，并且尊重这个情绪反应。

步骤 2：按下心中红色警铃

红色警铃代表警告装置，会启动自我防御装置，你可以接着进行自我舒缓动作。

步骤 3：想想接下来该怎么办

试着原谅顾客的粗鲁或无理，让自己的情绪先缓下来，才能冷静思考下一步该怎么做。

步骤 4：要有自信

有自信地面对疑问。也请你想想你的团队，展现当责精神。

步骤5：有所学习

让自己的心情恢复，喘口气，然后思考，经过这个事件，你学习到什么？

步骤6：自我激励

请你犒赏自己，然后让自己的情绪和今天的事情做切割。

Chapter 13

安抚顾客三步骤

最重要的是，安抚顾客的心情，没有什么事情比当下安抚顾客更重要；因为时间一旦错过，就很难再弥补。

在我十几年销售和辅导经验中，惊讶地发现，即使有经验的人员，面对顾客的情绪时，第一个选择和反应，都不是安抚，而是急着解释，急着解释事情的来由，想要让顾客知道他们其实是误会了，销售人员甚至表达自己的委屈，因为事情真的和他们没关系，他们很无奈。

但是顾客更无奈，顾客想花钱在我们身上，却找不到可以说服自己的理由。

顾客只不过想要听听看我们怎么回应，但是我们不但没有给顾客适合的答案，甚至还把情绪表露出来。

通过在外商集团的国外教材及经验，我整理出三个处理顾客异议的步骤。这其中，有重要的顾客安抚话术。正如你所知道的，安抚顾客是非常困难的事，那我们就从安抚顾客开始。

接受顾客的心情

展现同理心，让顾客感觉他的想法及意见被你接受。

展现同理心，让顾客知道你在乎、你了解。你必须站在他的角度去感受他的心情。请牢记，是心情。请你去体会他的颤抖、生气、怀疑，让他的心情可以成为你的部分心情。

由于你和他的心情同步，因此我才能确定，你可以精准地表达他的情感及想法。

表现同理心的另一个意义是，让顾客知道他的意见没有被你排斥，你和他的想法一样，都是自己人，如此，你才有机会争取更多说明的机会，而让顾客异议成为销售的转机。

在此我们提出一个在中文语言里相当有效的安抚话术：**“我了解，如果我是你……”**

“我了解，如果我是你……”重点在第二句话，请你把你所感受到的顾客心情说出来，但是请留意，请选择适当的词汇，不要让自己的安抚话语，成为顾客反击的把柄。

由于这需要练习，因此列出几个零售通路中常遇到的顾客异议，请看，如何运用“我了解，如果我是你……”

为什么这么贵！

“我了解，如果我是你，我也希望以实惠的价格买到自己喜欢的东西。”

为什么这么慢！

“不好意思，让你久等了，我了解，如果我是你，我也希望能够赶快买到期待已久的产品。”

为什么你们没有满千送百的方案？别家就有！

“我了解，如果我是你，我也希望能够在价格上给予优惠折扣。”

以上的同理心安抚话语，重点在于，你说出顾客的心情。对于听的人而言，具有相当震撼性，因为，你读出他的心声，顾客正愁没有人了解他的需求，知道他的心情。

请牢记，“我了解，如果我是你……”你必须依照当时的状况，完成整段句子。意思是，这个话术只是个“启动话术”，后续的描述必须由你依照经验加以完成。

“启动话术”（trigger sentence），英文原意指枪支的触发，意即，这个话术只是个开头，目的是要你自行启动同理心的描述。

我这样卖海蓝之谜乳霜。

我曾任职于至今这个我仍非常喜欢的品牌，当时担任公关暨教育训练经理，必须面对记者的挑战以及销售人员对于价格的迟疑，因为，海蓝之谜的经典乳霜，一瓶500克，售价超过2万元，记者不断质疑乳霜的功用，销售人员则心虚到不知道该怎么面对顾客对价格的挑战。

总而言之，没人敢卖这瓶这么贵的保养品。

我一天中至少会听到5次以上，质疑这个天价保养品的价值和价格。但是，我要求销售人员“不谈价格，只谈价值”，事实上，经过三年的努力沟通，海蓝之谜乳霜成功在开创出顶级保养品的市场，并且在每年的百货公司周年庆，登上媒体版面，成为爱美女性的话题焦点。

重点在于，我们不断运用说故事行销：这个号称神奇的抗老面霜来自于一位前任NASA博士的自我烧烫伤药膏，主要成分为加州南太平洋中的深海巨藻，一年只能采收两次，且必须在满月涨潮时撷取海藻的三分之一嫩芽，非常珍贵。

海蓝之谜乳霜在2014年9月被美国商业内幕（*Business Insider*）网站纳入全世界最昂贵的19种物质中，排第12名的位置。

我的结论是，只要是真实的故事，往往撼动人心，这世界上一定有珍惜我们产品的顾客。

转换顾客想法

安抚顾客之后，接下来最关键的，就是顾客想听听看你怎么说明，毕竟，顾客会发出抗议或拒绝的声音，是因为他希望了解事情到底状况如何，我们要如何解决，以及企业的诚意在哪里。

走到这个阶段，你必须释疑，进行澄清的动作，但是要留意，因为顾客仍带有情绪，因此说话用词必须尽量中性，且不要把公司的硬性做法或是不得已的情况流露太多，以免立即造成顾客反感。毕竟，这是我们自己的问题，没有必要让顾客承受。

我举两个失败版让你体会。

（失败版）为什么这么贵！

我了解，如果我是你，我也希望以实惠的价格买到自己喜欢的东西。

可是这是公司规定的价钱，我也没办法，不然你参考这组，买一送一的好了，这些比较便宜。

（失败版）为什么这么慢！

不好意思，让你久等了，我了解，如果我是你，我也希望赶快买到期待已久的产品。

但是人这么多，我也没办法，先来后到，要请你排队，不然就会不公平。

如果你是这样回应顾客，我想，再多的无敌安抚话语都没有用。我认为你的确在呈现事实，我相信公司真的这样规定，我也知道你无法动价格。现场人很多，我晓得你的确为了公平，你得让眼前这位顾客等待，但是，请你修饰你的用词，收起你的无奈，那，只会让人更火大。如果你不调整，吃亏的是你自己，不但无法成交业绩，而且得准备迎接顾客抱怨。

那要如何说明状况，又可以让顾客接受呢？

一样，我举个例子说明。

（成功版）为什么这么贵！

我了解，如果我是你，我也希望以实惠的价格买到自己喜欢的东西。

我相信我们提供的产品，价值绝对大于价格。对于你付的每一分钱，我们一定尽全力给你高品质的服务。

如何？

以上的对话，可以说明价格为什么高，又兼顾企业的形象。当然，也要特别说明，在我所接触的案例中，顾客喊着说贵，80％都是假信号，顾客要的，只是想了解这么高的价钱后面，到底代表了什么价值？是专利技术？还是独家商品？ 抑或是限时限量？你总要有个理由让顾客可以花钱在你身上，但又不觉得自己是冤大头。

请牢记，顾客什么都吃，但，就是不吃亏。

我再举个例子。

（成功版）为什么这么慢！

不好意思，让你久等了，我了解，如果我是你，我也希望能够赶快买到期待已久的产品。

只是，每位顾客的需求，我们都希望不出错，因此可能需要花点时间。不好意思，请你见谅。

（成功版）为什么你们没有满千送百的方案？别家就有！

我了解，如果我是你，我也希望能够在价格上给予优惠折扣。

我们提出的优惠，都是真正回馈给顾客的价格优惠，但是服务和品质是绝对不会打折的。

（成功版）给我会员价，我就买！

我了解，如果我是你，我也希望能够立刻拥有优惠折扣。

如果你觉得产品还不错，你这次购买后，我在我的权限内，立刻帮你加入会员，下次你的购买，就可以立刻享有会员优惠。

在此我特别说明与价格有关的顾客异议。

当转换顾客想法或者针对顾客异议予以解释时，我的原则是，我不会随意在价格或优惠上让步。理由很简单，顾客如果认为他轻易就可以拿到折扣价，代表还可以再探底线，这对于成交是很危险的动作。

同时，我如果让顾客不断价格下探，同公司其他销售人员很难服务这位顾客，价格不断下杀、优惠不断提供的条件下，顾客容易予取予求。成交了一次，但是后面的服务却容易纠纷不断。

我更要说明的是，我不希望高单价、高价值的产品，被顾客挑战。高收费，一定要有高收费的价值，这是我们在销售时就要先想好的。不管价格多高，都有人买，重点是，你是不是站在顾客角度，去设想顾客的疑虑，给予产品更多使用的价值感。

永远不要因为顾客提出价格疑虑，立刻轻易让步。否则你在告诉我，你是一个没有自信的销售人员，我不会跟你买任何东西。

要记住，买东西是一次的动作，后续的服务和维修，才是稳住销售最重要的关键。

主动提出方法

最后阶段，请你主动提出解决方案。

安抚了客户，也婉转地向顾客提出想法，但是问题还是在。因此请你依据你的专业、你的经验以及你的权限，主动向顾客提出解决方案。

请注意，重点是：“主动”，请你努力想办法解决，目前的时间、资源、同事人力，谁可以协助你？不管如何，烂方法都比没方法好，而且，你要在顾客开口要求前，就主动说出你的解决方案，千万不要让顾客先开口，因为他会取得主导权。请主动提出解决方案。

（成功版）为什么这么贵！

·我了解，如果我是你，我也希望以实惠的价格买到自己喜欢的东西。

·我相信我们提供的产品，价值绝对大于价格。对于你付的每一分钱，我们一定尽全力给你高品质的服务。

1. 我帮你看看是否有其他优惠或变通的方法。（方案 1）

2. 如果你相信我，请先留订金，我帮你明天入账，这样就可以拿到明天的满千送百优惠，你觉得如何？（方案 2）

3. 还是你可以邀请朋友一起购买，这样我在电脑入账时，就可以让你立即拥有贵宾优惠方案。（方案 3）

4. 如果你今天不为客厅换台冷气，请问会有什么困扰？如果是这样，那真的建议你今天趁着过来一趟，可以省时间、省油钱，一次就把客厅的冷气问题解决。（方案 4）

这四种解决方案，你可以单选或多选，重点是，请你依照专业，“主动”提出解决方案。我不断地强调“主动”两个字，是因为我希望你握有主导权，即使你多么希望成交，也不要随意说出："那你想怎么样，我才能做你的这笔生意？"

你把主导权交给顾客，把球给顾客，一旦你失去发球权，可以预见的是，你会任顾客予取予求，即使这次勉为成交，但是顾客回头机会少，你只是做单笔生意，骗骗自己这个月做到这笔业绩罢了。

我们把这个章节的顾客异议对话完成，也让各位读者有更多素材可参考。

（成功版）为什么这么慢！

· 不好意思，让你久等了，我了解，如果我是你，我也希望能够赶快买到期待已久的产品。

· 只是，每位顾客的需求，我们都希望不出错，因此可能需要花点时间。不好意思，请你见谅。你稍等一下，我特别帮你看看是否有其他方式可以加快速度好吗？

（成功版）为什么你们没有满千送百的方案？别家就有！

· 我了解，如果我是你，我也希望能够在价格上给予优惠折扣。

· 我们提出的优惠，都是真正回馈给顾客的价格优惠，但是服务和品质是绝对不会打折的。

1. 如果你要送礼，你也可以考虑这款礼盒组，目前在周年庆期间有特别优惠，你可以参考。（方案 1 ）

2. 你要不要考虑再多带一个价值 500 元的产品，不但可以

参加我们满千送百，而且还可以多拿到一个购物赠品袋。多花500元，赠品回馈价值超过600元，非常划算。（方案2）

（建议可二选一）

（成功版）给我会员价，我就买！

·我了解，如果我是你，我也希望能够立刻拥有优惠折扣。

·如果你觉得产品还不错，你这次购买后，我在我的权限内，立刻帮你加入会员，下次你的购买，就可以立刻享有会员所有的优惠。

·加入会员可以拥有：

1. 免费水疗SPA；
2. 一年后免会费再入会员；
3. 免费会员晚餐优惠5次。

请问你要哪一种优惠？

顾客异议，代表顾客的拒绝或暂停信号，对销售最大的意义是，顾客因为对购买产生负面态度，因此开始在价格、品质、服务方面挑剔，身为销售人员，你所能做的，就是掌握好自己，了解顾客的需求，正面迎向他，满足他的需求。

本章重点

安抚顾客三步骤

1. 接受顾客心情：站在顾客角度去感受，请适当使用安抚话语：“我了解，如果我是你……”

2. 转换顾客想法：你必须释疑，对顾客进行澄清的动作、说话用词保持中性，让顾客感受我们的诚意。

3. 主动提出方法：请你根据你的专业、经验以及权限，主动向顾客提出解决方案，以解决顾客心中的疑问。